U0117481

陳福成著

陳福成著作全編

第二十八冊　六十後詩雜記現代詩集

文史哲出版社印行

國家圖書館出版品預行編目資料

陳福成著作全編 / 陳福成著. -- 初版. --臺北
市：文史哲,民 104.08
頁： 公分
ISBN 978-986-314-266-9（全套：平裝）

848.6 104013035

陳福成著作全編

六十後詩雜記現代詩集

著　者：陳　福　成
出版者：文　史　哲　出　版　社
http://www.lapen.com.tw
登記證字號：行政院新聞局版臺業字五三三七號
發行人：彭　正　雄
發行所：文　史　哲　出　版　社
印刷者：文　史　哲　出　版　社
臺北市羅斯福路一段七十二巷四號
郵政劃撥帳號：一六一八〇一七五
電話886-2-23511028・傳真886-2-23965656

全 80 冊定價新臺幣 36,800 元

二〇一五年（民一〇四）八月初版

著財權所有・侵權者必究
ISBN 978-986-314-266-9 08981

陳福成著作全編總目

壹、兩岸關係

①決戰閏八月
②防衛大台灣
③解開兩岸十大弔詭
④大陸政策與兩岸關係

貳、國家安全

⑤國家安全與情治機關的弔詭
⑥國家安全與戰略關係
⑦國家安全論壇。

參、中國學四部曲

⑧中國歷代戰爭新詮
⑨中國近代黨派發展研究新詮
⑩中國政治思想新詮
⑪中國四大兵法家新詮：孫子、吳起、孫臏、孔明

肆、歷史、人類、文化、宗教、會黨

⑫神劍與屠刀
⑬中國神譜
⑭天帝教的中華文化意涵
⑮奴婢妾匪到革命家之路：復興廣播電台謝雪紅訪講錄
⑯洪門、青幫與哥老會研究

伍、詩〈現代詩、傳統詩〉、文學

⑰幻夢花開一江山
⑱赤縣行腳・神州心旅
⑲「外公」與「外婆」的詩
⑳尋找一座山
㉑春秋記實
㉒性情世界
㉓春秋詩選
㉔八方風雲性情世界
㉕古晟的誕生
㉖把腳印典藏在雲端
㉗從魯迅文學醫人魂救國魂說起
㉘六十後詩雜記詩集

陸、現代詩（詩人、詩社）研究

㉙三月詩會研究
㉚我們的春秋大業：三月詩會二十年別集
㉛中國當代平民詩人王學忠
㉜讀詩稗記
㉝嚴謹與浪漫之間
㉞一信詩學研究：解剖一隻九頭詩鵠
㉟囚徒
㊱胡爾泰現代詩臆說
㊲王學忠籲天詩錄

柒、春秋典型人物研究、遊記

㊳山西芮城劉焦智「鳳梅人」報研究
㊴在「鳳梅人」小橋上

總序：陳福成的一部文史哲政兵千秋事業

陳福成先生，祖籍四川成都，一九五二年出生在台灣省台中縣。筆名古晟、藍天、司馬千、鄉下人等，皈依法名：本肇居士。一生除軍職外，以絕大多數時間投入寫作，範圍包括詩歌、小說、政治（兩岸關係、國際關係）、歷史、文化、宗教、哲學、兵學（國防、軍事、戰爭、兵法），及教育部審定之大學、專科（三專、五專）、高中（職）等各級學校國防通識（軍訓課本）十二冊。以上總計近百部著作，目前尚未出版者尚約二十部。

我的戶籍資料上寫著祖籍四川成都，小時候也在軍眷長大，初中畢業（民57年6月），投考陸軍官校預備班十三期，三年後（民60）直升陸軍官校正期班四十四期，民國六十四年八月畢業，隨即分發野戰部隊服役，到民國八十三年四月轉台灣大學軍訓教官。到民國八十八年二月，我以台大夜間部（兼文學院）主任教官退休（伍），進入全職寫作高峰期。

我年青時代也曾好奇問老爸：「我們家到底有沒有家譜？」

他說：「當然有。」他肯定說，停一下又說：「三十八年逃命都來不及了，現在有個鬼啦！」

兩岸開放前他老人家就走了，開放後經很多連繫和尋找，真的連鬼都沒有了，茫茫無垠的「四川北門」，早已人事全非了。

但我的母系家譜卻很清楚，母親陳蕊是台中縣龍井鄉人。她的先祖其實來台不算太久，按家譜記載，到我陳福成才不過第五代，大陸原籍福建省泉州府同安縣六都施盤鄉馬巷。

第一代祖陳添丁、妣黃媽名申氏。從原籍移居台灣島台中州大甲郡龍井庄龍目井字水裡社三十六番地，移台時間不詳。陳添丁生於清道光二十年（庚子，一八四〇年）六月十二日，卒於民國四年（一九一五年），葬於水裡社共同墓地，坐北向南，他有二個兒子，長子昌，次子標。

第二代祖陳昌（我外曾祖父），生於清同治五年（丙寅，一八六六年）九月十四日，卒於民國廿六年（昭和十二年）四月二十二日，葬在水裡社共同墓地，坐東南向西北。陳昌娶蔡匏，育有四子，長子平、次子豬、三子波、四子萬芳。

第三代祖陳平（我外祖父），生於清光緒十七年（辛卯，一八九一年）九月二十五日，卒於（年略記）二月十三日。陳平娶彭宜（我外祖母），生光緒二十二年（丙申，一八九六年）六月十二日，卒於民國五十六年十二月十六日。他們育有一子五女，長子陳火，長女陳變、次女陳燕、三女陳蕊、四女陳品、五女陳鶯。

以上到我母親陳蕊是第四代，到筆者陳福成是第五代，與我同是第五代的表兄弟姊妹共三十二人，目前大約半數仍在就職中，半數已退休。

寫作是我一輩子的興趣，一個職業軍人怎會變成以寫作為一生志業，在我的幾本著作都詳述（如《迷航記》、《台大教官興衰錄》、《五十不惑》等」。我從軍校大學時代開始寫，從台大主任教官退休後，全力排除無謂應酬，更全力全心的寫（不含為教育部編著的大學、高中職《國防通識》十餘冊）。我把《陳福成著作全編》略為分類暨編目如下：

壹、兩岸關係

①《決戰閏八月》②《防衛大台灣》③《解開兩岸十大弔詭》④《大陸政策與兩岸關係》。

貳、國家安全

⑤《國家安全與情治機關的弔詭》⑥《國家安全與戰略關係》⑦《國家安全論壇》。

參、中國學四部曲

⑧《中國歷代戰爭新詮》⑨《中國近代黨派發展研究新詮》⑩《中國政治思想新詮》⑪《中國四大兵法家新詮：孫子、吳起、孫臏、孔明》。

肆、歷史、人類、文化、宗教、會黨

⑫《神劍與屠刀》⑬《中國神譜》⑭《天帝教的中華文化意涵》⑮《奴婢妾匪到革命家之路：復興廣播電台謝雪紅訪講錄》⑯《洪門、青幫與哥老會研究》。

伍、詩〈現代詩、傳統詩〉、文學

⑰《幻夢花開一江山》⑱《赤縣行腳・神州心旅》⑲《「外公」與「外婆」的詩》、⑳《尋找一座山》㉑《春秋記實》㉒《性情世界》㉓《春秋詩選》㉔《八方風雲性情世界》㉕《古晟的誕生》㉖《把腳印典藏在雲端》㉗《從魯迅文學醫人魂救國魂說起》㉘《60後詩雜記詩集》。

陸、現代詩（詩人、詩社）研究

67《政治學方法論概說》68《西洋政治思想概述》69《中國全民民主統一會北京行》70《尋找理想國：中國式民主政治研究要綱》。

拾參、中國命運、喚醒國魂

71《大浩劫後：日本 311 天譴說》、《日本問題的終極處理》72《台大逸仙學會》。

拾肆、地方誌、地區研究

73《台北公館台大地區考古・導覽》74《台中開發史》75《台北的前世今生》76《台北公館地區開發史》。

拾伍、其他

77《英文單字研究》78《與君賞玩天地寬》（別人評論）79《非常傳銷學》80《新領導與管理實務》。

我這樣的分類並非很確定，如《謝雪紅訪講錄》，是人物誌，但也是政治，更是歷史，說的更白，是兩岸永恆不變又難分難解的「本質性」問題。

以上這些作品大約可以概括在「中國學」範圍，如我在每本書扉頁所述，以「生長在台灣的中國人為榮」，以創作、鑽研「中國學」，貢獻所能和所學為自我實現的途徑，以宣揚中國春秋大義、中華文化和促進中國和平統一為今生志業，直到生命結束。我這樣的人生，似乎滿懷「文天祥、岳飛式的血性」。

抗戰時期，胡宗南將軍曾主持陸軍官校第七分校（在王曲），校中有兩幅對聯，一是「升官發財請走別路、貪生怕死莫入此門」，二是「鐵肩擔主義、血手寫文章」。前聯原在廣州黃埔，後聯乃胡將軍胸懷，「鐵肩擔主義」我沒機會，但「血手寫文章」的

「血性」俱在我各類著作詩文中。

人生無常，我到六十三歲之年，以對自己人生進行「總清算」的心態出版這套書。

回首前塵，我的人生大致分成兩個「生死」階段，第一個階段是「理想走向毀滅」，年齡從十五歲進軍校到四十三歲，離開野戰部隊前往台灣大學任職中校教官。第二個階段是「毀滅到救贖」，四十三歲以後的寫作人生。

「理想到毀滅」，我的人生全面瓦解、變質，險些遭到軍法審判，就算軍法不判我，我也幾乎要「自我毀滅」；而「毀滅到救贖」是到台大才得到的「新生命」，我積極寫作是從台大開始的，我常說「台大是我啟蒙的道場」有原因的。均可見《五十不惑》、《迷航記》等書。

我從年青立志要當一個「偉大的軍人」，為國家復興、統一做出貢獻，為中華民族的繁榮綿延盡個人最大之力，卻才起步就「死」在起跑點上，這是個人的悲劇和不智，正好也給讀者一個警示。人生絕不能在起跑點就走入「死巷」，切記！切記！讀者以我為鑒！在軍人以外的文學、史政有這套書的出版，也算是對國家民族社會有點貢獻，對自己的人生有了交待，這致少也算「起死回生」了！

順要一說的，我全部的著作都放棄個人著作權，成為兩岸中國人的共同文化財，而台北的文史哲出版有優先使用權和發行權。

這套書能順利出版，最大的功臣是我老友，文史哲出版社負責人彭正雄先生和他的夥伴們。彭先生對中華文化的傳播，對兩岸文化交流都有崇高的使命感，向他和夥伴致上最高謝意。

台北公館蟾蜍山萬盛草堂主人　陳福成　誌於二〇一四年
五月榮獲第五十五屆中國文藝獎章文學創作獎前夕

自序　《六十後詩雜記現代詩集》有感

每個詩人寫詩的習慣不同，有的要煙酒助興，才能培養靈感。有的日夜顛倒，午夜用一杯杯咖啡提神，也有隨興任意捕捉詩的靈感，化爲翩翩詩章。有的要大碗喝酒，大塊吃肉，喝到半醉半醒，身心全處在解放的狀態。據聞，此刻能下筆千行詩，詩泉湧現，書之不盡。但筆者試過，除了酒醉頭痛，睡得不省人事外，一行詩也寫不出來。

按我從年輕至今，寫詩的習慣比較「正常」，我通常類似雜記、筆記，任何時候我有所感悟、感時、感覺、感受，我當時或數日左右，通常會寫一些東西，詩是其中我常用的書寫形式。這本詩雜記幾全寫在二〇一二、一三到一四年春，約兩年多，我從筆記本中整理出來付印出版，可算是我六十一、二歲這兩年，一些心情的詩漾投射。

全書分六輯，並非系統性的分類，僅按大致內涵安排。第一輯瀟灑走一回，人生路的感想；第二輯弔南京大屠殺同胞英靈，包含一些政治性作品；第三輯期勉六位新台中人及一些感慨之作；第四輯新演化物種，部份有批判性的；第五輯醉月湖畔的悠閒，較多生活實況書寫；第六輯和死亡對話，有多首和死亡有關，我試著把死亡當成朋友。以上共有詩百首。（台北公館蟾蜍山萬盛草堂　陳福成雜記詩　誌於二〇一四年春）

六十後詩雜記現代詩集

目　次

第四輯　新演化物種

兩岸好友一家人，山西芮城劉焦智兄弟（右一、二），童年舊居，二〇一〇年。

中國文藝協會理事長，詩人王吉隆（左）、本書作者（右），二〇〇七年。

二〇〇八年，江西九江文化交流。

2007年，北京，前排正中黑西裝是中國文協理事長王吉隆，後排左四是本書作者。

妹妹，家人們，二〇一〇年。

主持台灣大學二〇一三年退休人員聯誼會會員大會，右一是第一任理事長宣家驊將軍，右二第七、八任理事長丁一倪教授，最左是第四任理事長楊建澤教授，左二是第三任理事長方祖達教授。

二〇一三年台大退聯會會員大會一景。

本書作者（右）、陳美枝（左）。

本書作者（右）、俊歌（左）。

台灣大學退聯會二〇一三年，會員大會芳影。

台灣大學退聯會二〇一三年，會員大會芳影。

台大文康活動演唱，指揮方祖達教授，左起：關麗蘇、本書作者、吳元俊、吳普炎、吳信義、周羅通。二〇一一年十一月十日。

左起：本書作者、范揚松、張夢雨

詩人吳明興（左）、本書作者（右）。

左起：本書作者、范揚松、吳明興，二〇一三年。

看戲，二〇一二年，台北。

民 93 年，佛光山。

左起：吳信義師兄、老長官涂安都將軍、本書作者，
二〇一二年佛光山。

在重慶大學，2009年，北京。

本書作者、內人和妹妹的家人們，2014春，台中。

本書作者和妹妹的家人們，2014 春，台中。

2014年5月22日，台大退聯會、教聯會、職聯會合辦，「台大千歲宴」（80歲以上退休人員），一排左五是現任校長楊泮池教授，二排右五是本書作者（台大退聯會理事長）。

2014 年 5 月 22 日，千歲宴欣賞肚皮舞表演，左起：教聯會理事長游若篍教授、職聯會理事長楊華洲先生、校長楊洋池教授、退聯會理事長陳福成（本書作者）。

第一輯　瀟灑走一回

2007 年，北京故宮。

2009 年，成都。

瀟灑走一回

眾生都身不由己必須世間走一回
要一路瀟灑歌唱翩翩飛
在你成長學習的過程中
各種酸甜苦辣必然與你糾纏到底
酸鼻會找上門，邀月共飲能解愁
甜蜜很誘人，小心別上當
苦是一種煅煉，吃苦當吃補
辣妹、辣手碰上了
沈著應戰
必能保你瀟灑走一回

這一條路也不好走
別誤信條條大路通羅馬的謊言

那八成是死路或絕路
路，最好自己開
何必走人家的路
所以真實的人生，大多時候
逢山開路，遇水架橋
上了山，有山谷、斷壁、森林迷宮
不小心就陣亡了
要過水，有浪潮、漩渦、潛伏逆流
不小心也會慘遭滅頂
但是，不要怕、不能怕
拿出勇氣，決心、智慧好好走
也能瀟灑走一回

野花真好

名花固然有小宮殿可住
享受榮華富貴
有丫環帥哥侍候
但天下沒有白吃的午餐
妳得付出更多
每天要打扮得光鮮麗亮
取悅眾人
妳也失去了自由
每天要和達官要人應酬
更可能失去純真自然本性
因為那些專家企圖改變妳的基因
進行異種交配栽培

我寧願成為一株野花
種子隨風當一個自由的背包客
飄走世界各地
隨緣找一處荒野落腳
在空曠處生根，成家立業
生兒育女也不限制他們的發展
全世界的荒野大地是我兒孫的舞台
我的真誠
我過的瀟灑
我來去自如
我明心見性

我願永遠是一株野花
野草、野蠻、野人都無所謂
反正永遠在野

餐風飲露滋養我的野性
閒雲野鶴隨興生活
擷一片彩雲做衣裳是我的美麗
邀幾隻小鳥來做客是我真誠的友誼
能野真好

就愛野花

為什麼許多人喜歡野花
千方百計，不計代價
就是愛 野花
她，不矜矜 不矜持
不作做 最重要的
她不用化粧來欺騙眾生的眼睛
還有，野花隨遇而安
她，不用名牌
她，不燒錢
幫你省錢啦

野花就是野
她能野、敢野；也能花、敢花

在所有野花中，我看到這株
最野，最有本錢野
啊，凡是野的
最自然、最真實、最純誠
我就愛妳這株野花

妳說妳生生世世就愛當野花
我說我生生世世愛野花
妳轉世在荒野
荒野為一生的家園
家的坪數無限大
光是後花園就比神州大地更大更廣
不論長短富貴
能野就是福
能野就是自由、自在

晴天，向太陽借光
陰天，乘雲去漂流
有風，在風中搖曳生姿

為什麼生生世世當野花
愛野花
野，才能種出詩
詩漾的野花
野花漾詩

與回憶對話

走失四十年的時光牽引著我
牽著妳的小手在夕陽下漫步
明月見證
星星作陪
涼風吃醋
正好釀造馨香的愛情
我彈妳唱那首「夕陽西沈」
時光是一杯濃郁的咖啡

四十年後的今夜
我偶然走到那個海邊
要牽誰的小手？
唱夕陽西沈

牽月亮的小手
歌唱，星星伴我

彩虹的秘密

彩色才符合大千世界的多元原則
眾顏色都反對黑白二分法的霸道
二分法被打破
紅黃藍綠橙青紫歡呼慶賀

彩虹是少數民族
他們敢於表現自己
甚至公然革命造反
終於戰勝黑夜和白晝的瓜分
粉碎佔優勢的二分法

彩虹的秘密
公雞和母雞都知道

風，犯了甚麼罪？

風
到底犯了什麼天大的罪
為何要捕風捉影
把　風　抓來嚴刑逼打
再不承認
你是風
馬上拉去槍斃

風
又偷了誰？
幹嘛爭風　問罪
再不承認
妳是小三

到法院告妳
冤啊夫人，我那是小三
我只是小四呀！
妳的問題要去問小五或小六
她們會告訴妳關於小七和小八的秘密

二〇一三年五月四日三月詩會習作

落葉的沈思

被時間追擊
臉色昏黃　不知所措
母親說，去吧
經過春的誘惑
夏的嚴苛
如今也該畢業了
是收穫的季節

飄落是一種選擇
選擇是感傷　感傷飄落
人生苦短的漂泊
一落地就要被掃進焚化灶
為什麼一定要燒成灰

當下決定，不再蹉跎
以舞者的唯美姿態飄落
落葉歸根
滋養生我育我的母親

新店溪的鳥兒

每天延著新店溪散步
總有一群可愛的鳥兒和我眼眸
私密約會　驚鴻一瞥

鳥兒落滿樹
分不清是鳥還是葉
瞬間飛走的
是鳥或葉
牠們都長了翅膀
高飛的是天空會說話的眼睛
不飛的是依偎母親的乖孩子

冬天裡的一棵枯樹

群島落滿
牠們是回來解鄉愁的

家附近撿回收的阿婆

我是這附近可看的
小小一方風景
當大家悠閒在澆花
門口聊八卦

我的出現吸引大家的目光
目光是一隻蝴蝶展翼的風
冷熱寒暑不會改變的景觀

我收拾人們昨日丟棄的記憶
經篩選修補成為有些人
有用的明天
我善用今日的當下
連繫往昔和未來

至於那些政治破爛
就只好送去焚化灶了

打零工撿破爛的阿公

你被叢林中的高樓大廈壓縮
勞瘁而又瘦削的
影子，穿梭在巷弄裡
叢林太大了
看不見你掙扎求生
找到寶貝那一抹微笑
比誰都滿足了

中午，啃完一個饅頭
倒在候車室的椅子上睡一覺真享受
醒來拿出布袋裡
女兒和孫女發黃又髒的照片
那凝視淺笑

就當成僅有的天倫之樂
希望她們在美國健康快樂

寄語酒駕撞死人者

你開懷暢飲一杯酒
人家白髮送黑髮
兩行淚注滿長江黃河
滾滾的淚
喚不醒你
良心一顆

你最後
無間地獄路一條
去收拾你
肇下的因

彈吉他給杏花林聽

春神，喚醒爛漫的山花
嬌滴滴的是春風
也有新芽開啓好奇心
一把情不自禁的吉他
為一片杏花演唱情歌
迎來眾樹也一起開花叫好

和煦的春風自六弦流洩
彌漫清涼山景
整座山都溫柔了起來，洋溢著
溫情
連小草、石頭、鳥兒都情不自禁
自四面八方趕來觀賞
杏花林演唱會

影子不乖

影子是很黏媽媽的特殊兒童
無論如何總要黏著你
一刻不停
黏你
叫你心煩意亂

他不乖、他不能獨立
他不受教、不能馴服
打罵又不行
兒童心理專家束手無策
他就是黏人
跟著你、勾引你、意淫你

終於你和影子
相偕孤獨、崩潰

勇者

落葉不甘心向下垂掉
決心反抗地心引力的惡勢力
向飛鳥學習
高飛、飛遠

木馬批判一隻純種馬
痛罵所有的馬
赤兔馬、血汗馬、八駿……
都未曾憑一隻馬打勝一場戰爭
只有木馬曾經屠一座城

因而，小木馬進而批判戰車
愚不可及

不如一片落葉
或木馬

花

花
是不管季節的
尤其不管四維八德
會花的
就花

至於
漂不漂亮
賞花人心中自有一把尺

花
不管一切
一切不管

妳眼眸飄出一片彩雲

偶然一片彩雲
自妳眼眸飄出
我小心翼翼
接招
想駕雲
在雲中翻飛後
有愛的頓悟

換我從心底飄出一道彩虹
多麼希望
彩虹和彩雲能接軌
不奢求有陰陽交流的機會
只要給我如雲薄的一片陽光

和如雲輕的一滴露水
就是生命的圓滿

小姐，不老！

七老八十，不能說妳老
妳會很不高興
啊！小姐，妳不老
只是暮春

春天的亮麗不會停下腳步
林志玲的腳步也不會
遲早要走到暮春
再來是冬天
白雪會飄來
改變春的顏色便能轉變風景
指粉加厚、足尖踮高、春裙稍短

還是可以搖曳生姿
起漣漪　掀波浪

第二輯　弔南京大屠殺同胞英靈

2009 年，重慶西南大學。

2007 年，北京。

弔南京大屠殺同胞英靈

我舉春秋巨椽
弔民誅倭
天人同悲的慘絕大屠殺
不能走入歷史
要走入中國民心
我以熊熊烈焰的熱情握春秋筆
閃耀著焱焱燭花
是祭奠同胞英靈永恆不息的燭淚

淚，流自一九三七年十二月十三日
南京城來了一群魑魅魍魎化身的倭獸
古稱倭寇　今稱小日本鬼子
實際上是人類退化後的類人

吃了熊心豹子胆
竟說消滅中國是他們的歷史使命
明萬歷朝鮮戰、甲午戰、八年抗戰、二戰
全亞洲死人三億

三億亡靈向誰討回血海深仇
草鞋峽屠殺的亡靈仍在喊冤
江東門活埋的靈魂喊著要回血債
那冤、那仇、那債
是中國歷史永恆的痛
仍痛在廿一世紀十三億人民心中
痛，痛那債要不回來
痛，痛人間的公平正義何在？
我手握春秋筆，以春秋史官的良心如是說

債，是一定要拿回來
仇，也一定要報
廿一世紀的中國人有一個天命
必須要完成的天職
為全亞洲除禍害，除滅倭魔
北海道、東京、大阪、本州
各送一顆核彈　能滅七成倭魔
倭島收為中國版圖　改設
中國扶桑省

用現今七成倭魔生靈
弔南京大屠殺同胞英靈
祭奠三億死於倭魔的亡魂
很公道、很便宜、合人權
倭魔的存在是進化論的錯、世界的錯

是中國人最大的錯
中國春秋史官如是說

蝶戀花．綠色人馬看神州

茫茫心亂看神州，
列祖列宗，怎成中國豬？
豬的後代還是豬，游錫堃掃誰的墓

回首台獨三百年，
剩一張嘴，口水變洪水。
淹死多少台灣人？祖宗莫怪不孝子

滿江紅·台獨末日

搞台獨的，如今只剩一張嘴。
看馬英九搞三通，滿腹心酸。
酸溜溜的酸死人，下決心扳回一城
頭目小賊紛紛西進，非台獨！

恨不得，要上台，要活命，搶舞台
中國崛起時，台獨何去？
嘴巴說說顧面子，大膽西進裡子好
綠營台獨藍營獨台，沒得搞。

包裝・廣告・欺騙

把豬包起來
裝得密不透風
便能粧成一隻美麗的天鵝

把毒油包得神不知鬼不覺
裝成養生極品
假貨經由包裝都成真金
於是
橄欖油中沒有橄欖
牛排裡面不是牛肉
全民都在問
牛肉在那裡
二〇一三年的台灣

全是假的
在假的基礎上，來年呢？

獅或雞

門口臥著一隻灰狼
獅子感到威脅
睡了幾百年也該醒了
獅子就是獅子
不要人家說你是老母雞
你就真成了只能被捉來
燉雞湯的
老母雞

消除危險只有一個辦法
一口咬死那頭狼
骨肉都不必剩
全吃了
從此天下太平

天譴

——倭國三一一真相

是誰有神力把西太平洋捅個大洞？
要引全部太平洋水淹死所有倭人
是誰有魔力撼搖地球板塊？
要埋葬那些姦殺女人的大和變態族
神魔為什麼要聯手製造三一一？
非要消滅這個人類的異種不可

是地藏菩薩派出十殿閻羅
黑白無常、十大名捕
捉拿倭國大和異種等全部要犯
也是因果來索命

是誰來索命？
明萬歷朝鮮七年之戰二百萬鬼
甲午事件百萬孤魂
大東亞統一冤死幾億
那南京大屠殺的冤魂要索命
那些被姦殺的女人
那些被迫充當慰安婦的女人們
以及無數倭人刀下的亡魂
都要回來索命
債，是跑不掉的，一定要還

那些大和異種罪犯至今聲稱
沒犯罪、沒犯錯
這些妖魔鬼怪又耀武揚威
這些魑魅魍魎正準備啓動第四次亡華之戰

這些似人非人的兩足獸狂稱大和
是全亞洲的禍害
是全世界的癌種
是全地球的毒瘤

禍害要剷除、癌種要割除
毒瘤更要全部清除
神魔聯手，用三一一給倭鬼示警
這是天譴
天譴還不能讓倭鬼醒悟知錯
廿一世紀的中國人有一個天命
以五顆核彈消滅所有倭人
收服倭國改設中國扶桑省
替天行道　亦天譴要旨

台灣人

把自己膨脹成一個大汽球
大汽球的腦袋
這還不夠大
南部說要無限放大
大如天空

把別人都縮小
小如小數點
可以省略

要出頭、要第一
台灣地圖放大百倍就大過大陸
放大千倍
比世界大

釣魚台

都說是釣魚台問題
釣魚台那有問題
日夜守護著祖國東南戰略要域

有問題的是古今以來
住在神州大地上
廣大的沒種的子民

再不硬起來
遲早又割讓了台灣
連北京人家也要拿去

挽救許多釣魚台

東洋倭寇到我們家門口
搶走了我們的孩子
許多倭寇紛紛上門了

五百年來　東洋鬼子
以搶食我們無數子民
為謀生之道

一定要消滅倭寇
用五顆原子彈收為扶桑省
可保亞洲永久和平

否則、否則

台灣、海南、朝鮮、神州大地
遲早都是倭寇的釣魚台

蔡英文的嘆息

何時播的種
懷胎，已
三百多年了
到妳身上，仍
胎
死腹中
唉，怎都生不出來
那可怕的胎毒！

小記：康熙元年（1662），鄭成功卒於台灣。子經嗣立，康熙二十年（1681）又卒於台灣。奸臣殺長子克𡒉，擁次子克塽。塽開始構想「台灣獨立」，康熙二十二年（1683）施琅征台，克塽降，中國又回到統一局面。

台灣風

台灣風很有特色
可以成為人類學的活化石
台灣風有色有味
每個人要做什麼？要去那裡？
都只看風的顏色
三餐想吃什麼？並非按生理需要
只要聞聞風的味道

因此，台灣風很值錢
朝野各界專家教授學者名嘴
都在捕風
捕風可以賺大錢
可以鬥垮任何不喜歡的敵手

建構屬於自己一片大好江山

很多老外也來參觀台灣風
台灣依風領政　以風治國
靠風賺外匯
我們引以為名的大業
建築在風的基礎上

藍色和綠色

藍色和綠色
你們別綁架了所有顏色

健康的藍天白雲
環保的綠野山川
都是美好家園環境的必要條件

如夫妻兄弟吵吵架　賭賭氣
何必成仇人
我們生長的大地須藍、綠及其他顏色

一家人

你看見嗎？
現在國軍和解放軍如一家人
誰是敵人？
誰是朋友？

你沒看見嗎？
統派和獨派白天在立法院大吵一架後
晚上在飯店裡
也是一家人

現在分離太久的兩岸兄弟
要把家重新復興起來
我們是一家人

殘冬，老了

老了就是老了
我再叫妳小姐，稱妳明媚如春
就是諷刺、挖苦

至少一個冬天妳曾春風得意
淅淅瀝瀝的熱鬧樣子
算是回眸一笑的最後容顏
讓故事有頭有尾
把下輩子的事託付給將到的春天
等候來年再顯妳的嚴寒和孤冷

殘冬，老了
須要長眠，埋葬在土壤裡
為轉世新生

第三輯　期勉六位新台中人

民族的希望

新台中人們

期勉六位新台中人

本來是一座崇高的大山
有機會和五嶽平起平坐
卻因種種原因快速變成一個小土堆
小土堆很快連重量也稱不出來
為什麼？
這一切都是態度的問題
成為一座山
山要有山的態度

綠水轉污，繁花敗壞
色或是空　空或是色
及有或無　多和少
通常問題也出在態度

在別人眼中看你
只見態度
你用何種態度行走人生路
事關大路小路、有路無路
乃至活路死路
淮寧、淮毓、曉瑄、曉湉、曉宓、佑弦
你們要記住舅公的叮嚀

我會永遠聽你們唱歌

——給六個可愛的娃娃

淮寧、淮毓、曉瑄、曉湉、曉宓、佑弦
六個可愛的娃娃
你們是新台中人、新中國人
你們的血液都流著炎黃子孫的基因
舅公和你們的時代相差半個多世紀
但我知道你們的人生都是一首亮麗的歌
我雖不能陪你們長大、成家立業
我會永遠聽你們唱出快樂的人生之歌

起初，你們可能在一塊沒什麼營養的草原上唱歌
也許有人聽，也許沒人聽，沒人理你們
別氣餒，只管唱，快樂唱

不久會有一些小山丘過來聽歌
當然舅公也在聽
不論用喊用叫的，我聽那聲音都是動聽的
大家都滿懷快樂聽你們高歌人生的起站

不久你們站在一座不大不小的山頭歌唱
會有些聽眾或粉絲來加油
舅公也會在一個神秘的角落鼓掌叫好
你們的故事平凡而真誠

少不了有艱難和辛酸
我知道你們有勇氣克服，你們會相互鼓舞
高聲朗笑或哭泣都一樣動人
因為歌聲迎向朝霞，給人希望

後來你們會攀上人生的高峰
在高處展演你們人生的意義
詮釋你們和國家民族與社會蒼生的關係
你們用歌聲寫歷史說故事
舅公依然在一個高高的地方靜靜的聽著
但有些時候人算不如天算
或許你們也會碰上政局腐敗、社會黑暗
這時候不論你們選擇革命或造反
舅公一定都支持　而且
邀請天兵天將來助陣
畢竟，人間要正義，社會才光明

淮寧、淮毓、曉瑄、曉湉、曉宓、佑弦
你們的人生是亮麗、健康的進行曲
舅公永遠是忠實的聽眾

建國小巷（一）

安安靜靜的建國小巷
閃著革命大業落幕後斑駁的秋光
雜亂無章的小巷鐵皮屋旁
靜思安坐的老革命格外安詳
看得出他們一生千山飄蕩
流飄過金燦燦的海洋

建國小巷假日成了天堂
新新台中人一個個報到真夯
空氣中彌漫著新生的微微醇香
一哭一笑牽動阿公阿媽的心房
長江後浪推著前浪老
功成名就後別忘
小巷是最初啓蒙的道場

建國小巷（二）

建國小巷，是一首古老的民謠
經常有聲音
遙向神州大地路杳杳
血緣不能被阻斷
歷史不能在小巷裡去掉
覆蓋滅沒註消
紛沓的腳步聲不斷向故鄉探路

暮色中晃動的背影日漸孤寂
陽光也凋謝
只剩一些零落的回憶
才說未完的故事
瞬間是噩耗

所有的情節都沈澱凝固
等待後來的有緣人考古出土

想

午後發呆
呆呆，想，群群黑蟻
爬上心頭
梳理一段想——思
太陽急忙要趕路，沈落黃昏的笑意
微笑的小草們在春泥裡
誕生
很快，把春夏秋冬追過
把廿一世紀五〇年代丟在後頭
在星光下你們編寫人生篇章
故事，屬於你們的
你們的春秋

六條路

世間的路太多了
多說條條大道通羅馬
現在不見得
羅馬已經沒落
通北京大有可為

北京路的時代來了
你們的時代條條大道通北京
但別以為條條都是成功路
每條路都有坎坷、迷霧、土匪
乃至魔鬼、妖精
美麗的小溪也會淹死人的

用你們的智慧、慈悲和勇氣走路
六條真善美的道路

回首前塵

一隻被養來戰鬥的公雞
打了二十年敗仗
全身傷痕累累
偶然的機緣
收攏翅膀
退居黌宮泮水
頓悟開啓宇宙人生之實相

遠離了驚心要命　又
無法無天的擂台戰場
你慢慢癒傷止痛
尚未復原的午夜
還以為有黑槍追殺過來

我只好用一首詩擋住飛來的子彈
並拿唐詩宋詞敷在傷口上

父親

終於
你不亢不卑不求的眼神
夯擊我的靈眸
我猛然一醒
你已西去
那眼神成為一枝巨大的禪宗巨棒
棒喝聲在我心中迴旋震盪

這半生我不斷解讀那眼神
儘管時間會呑滅生活所有的記憶
我卻揮不去你無求的身影
有影子包圍我的世界
我常想突圍、脫困

又把自己驅向另一個淵洋

無數的日夜
在無邊的淵洋江海中
向無邊的岸
浮泳

夕陽

很多人說夕陽好美
我也喜歡她的典雅唯美
為什麼？
因為一天就要結束了
生命最後的光輝
最珍貴　真誠

妳是真的美
眾人皆說
妳不要臉紅

螢火蟲

黑夜
是妳穿在身上
唯一最美
彰顯身份的
高貴禮服

妳
是黑夜
最美的眼睛
不須彩粧　或用
假睫毛

愛的傳承

十八姑娘一朵花
幾春過
嫩白小手成黃瓜
日子飛快
青絲飄雪華
還有幾片落葉飄
兒女成家立業生娃娃
娃兒追著公婆要玩耍
轉眼娃娃又長大
愛的傳承走到廿一世紀
很多人說：太累不傳了

七夕

今夜的月那麼冷漠
無情的臉
如同四十年前
還是沒有色血的慘白
曾經短暫的唯美浪漫
只是一塊塊不能組合的化石

七夕為什麼成為一座雷峰塔
比世貿崇高的愛情
瞬間被妳絕情的九一一撞垮
我欲重建高塔
卻只建成一座廢墟

父母

我是一盞燈　省油的燈
好燈
我每天省吃儉用　做死做活
幫家裡省錢　省油
照亮全家
你們有誰道過一聲謝

我是一缶　省燈的油
好油
我每天努力賺錢　提供好油
維持一家小康
一切付出
你們有誰說個好

解構愛因斯坦

從地球上空打一個洞
空洞
通冥王星
再繞銀河系一圈
蜜月旅行
時間不會花太久

因為時間空間都說
我們扭曲成一對天命情侶
登記户籍時我們共同叫
時空

物質同意時空的觀點

決定參與友誼演出
共創
$E=MC^2$
時間、空間、物質都在和愛因斯坦
玩 3P

閉關一天

風・封

冷風未經我同意
在大門貼了封條
我只好閉關

吃・喝

冷，把物質燒了
一屋子燒
吃吃喝喝
保暖又滅火

茶・泡

一群茶葉在下面期待

水深火熱
他們說若不進熱獄
一生白活了
我只好泡了一天
茶和我階大歡喜

戰·後

休戰很久了
沒想到吃飽喝足
人，會啓戰端
不知為何！一戰
後，休養生息
竟要半個世紀

電．視

電，早已一統天下
震碎了所有人的眼睛
無視覺的　無感覺的
只好坐在電視機前
讓電視鳥瞰

耕．田

身為作家要抵抗所有的入侵
因為我要先入侵一切
把茶葉、電視、風等
入侵且統一成良田
我才能耕出好果實

房・間

房子飄浮著混沌的陰霾
光嚇成一臉蒼白
我也被一條條蛇叫纏
只好用詩鎮壓心神不寧
還是不行
我索性把自己縮小
躲入房的間隙睡大頭覺
直到老婆派出使者
把我挖出來吃晚飯

出・關

不是那塊料子隨便說閉關
才一天
人就發霉

心頭長蛆
蛇長成蟒
快受不了了
第二天我決心突破風封房間
以及電視的集權掌控
出——關

春神

晨

一隻鳥最先醒來
叫醒陽光和樹葉跟著駭
不久十二生肖和眾生
跟著 High 翻天
一到白天
天，翻了

蝶

愛做夢的蝶最慢醒來
昨晚和莊周聊八卦熬夜
恍神之際
以為那落葉是天命情人

追了過去
引來更多春之神
飛向我

愁

感覺，春之美神
太孤寂
還是有些年歲了
那雲和雨
還有春花
都離我太遠

想

那些人，一直在想
如何可以回春

讓花不謝
謝了可以返回生鮮
再展美色
春神傷透了腦筋
入夢去補精補氣吧
春神只好這麼說

晚春

去那裡找個人聊聊知心話
雲和風離得遠遠的
我只好找樹葉說話
樹嫌我嘮叨
整樹搖頭
叫我別聒噪了

春・神

現在起我說自己是神
神長生不死
故無晚春
我不甘寂寞
開始追逐白雲
糾纏小雨
我就是要叫春
回來

春・雨

外面
為何連夜哭泣
滴滴答答叫春
春不應

庭前新枝抽新芽
在風雨中掙扎

冬雨綿綿

一連幾個日夜的冬
翻臉無常
送來極濕冷的夢魘
把世界變成無間冷獄
刑期竟比五千年中國史還長
窸窸窣窣的一定是密謀
大聲拍打是一場場擺不平的戰役
嘩啦嘩啦的打打停停
歷史分又合，合又分
只聽到戰敗的滴滴答答的咕嘟著

管他歷史或地理
老夫只想入夢求一段仙女奇緣

不可得而一再被騷擾
那些綿綿的雨聲都是舊情了
這冬雨綿綿是仇人還是朋友
或無聊女子

歷史的紛爭是永無休止的

竹組曲

綿竹酒

好友請喝酒
酒鄉是綿竹
據聞
前往綿竹路上無路標
酒香就是指路人
飛往綿竹的飛機不須導航
導航的，是酒香

竹杖

面對壓力要撐住
人的虛弱
指望著你的正直堅定

頂住一片天
人難免為五斗屈曲

竹影

妳的婀娜多姿
雲門舞者在微風中輕輕飄起
所謂氣節
其實不必執著彎度
或竹或影
亭亭玉立的身影
飄逸的秀髮
竹之影
之真之美，亦必善
我賭定你就是一個清廉好官

竹

隱隱約約自隔空傳音來
有三月詩會詩人們
以吾為題，要寫吾
但高風亮節
怎寫得出來？

吾，是一個夢
東方，只存在陶淵明的桃花源
西方，只存在柏拉圖的理想國
吾勸詩人們
別白做工了

露

因為妳的天命
屬於黑夜
黑夜是妳的白天
夜的掩護下妳完成自我實現

當朝陽慈悲對妳示警
妳知趣的收拾行頭
暫避光明的殺傷力
等待再展風華的時機

生命的檢證
向來只在一夜實踐

教堂

社會越進步這種清潔公司越多
因為很多人需要
混不到兩天就從外髒到內
等不及星期天了
才清潔完過幾天的吃喝嫖賭
幾夜花天酒地
一顆心又染成
黑心

再洗，牧師的嘴可以強力漂白
讓你白成一張空白的白紙
牧師說一切不潔不需你負責
一切交給神

第四輯 新演化物種

2008 年，與妻在海南省

2009 年，重慶西南大學，正中是呂進教授

新演化物種

我看到進化舞台出現大量新物種
是謂新生代
沒腳沒根　總是漂浮著
沒頭沒臉　有些是自己不要臉的
有頭有臉的，盡是沒心沒肝

他們活著，只是活著
活著，什麼都不會
不會，因有人包養
像養在豬圈的豬
豬，就是能吃
一種只會吃的高等新生物種

但，達爾文說，這，不可能

那年秋天

夕陽西沈　我倆
窗前望　秋色
在眸中流洩
大地染成了飄葉的容顏
時間之河漂洗千遍
直到幾回花開花落
那樣的秋色秋聲成了終曲

我找尋這樣的秋景
歷經半生
只碰到幾隻昏鴉野雁
秋夜裡
月亮是妳晶瑩的淚滴

西風吹的是陣陣情話
儷影只在夢中

詩與酒的對話

詩不甘寂寞
找不到酒叫巫山點點愁
詩說
沒有酒
詩只是一具具死屍
死詩

酒道穿腸毒藥
只有碰到詩才變成補心藥方
酒說
沒有詩
酒寧願是席宴上最後一道零嘴
關閉酒廠

年青時

從小立志要革命
革去漢奸、走狗、叛黨叛國者的狗命
從此自識天命，關注兩岸行情
守金門　駐馬祖
高登遠望神州心頭碰碰跳
追隨最高領袖拼命喊叫

如痴　如醉，埋頭苦幹
熱情沖昏了頭，險些撤職查辦
有一天很多人說：都是白做工啦
我突然從夢中驚醒
像遊走於荒野叢林的孤魂
找不到可以投胎轉世的生途

仇人才是最好的益友

你想想　這輩子結下多少仇人
是借錢不還嗎？
錢，不是用來借人的
給人　送人的
你終於學到寶貴的一課

是他罵你混蛋嗎？
想想自己定有混蛋的地方
修正後成好蛋
更可能是賢能仁者
是她罵妳豬八戒嗎？
她是希望你成孫悟空

啊！朋友，仇人即恩人
仇人愈多即恩人愈多
成功立業之大本在此
大家要多結仇人

看牙

那天我牙痛去三總看牙
平常到醫院極少看到向日葵
但今天一進診室
一朵向日葵對著我
瞬間使牙痛減緩大半
微笑的花也向四週飄溢芬芳
先生，請座
甜美的聲音又讓牙痛好了大半
我正思索　牙可以不用看了
但
看到醫生
我又開始痛，好痛！

政治學

只有狐狸、獅子、鱷魚、巨蟒
仍在捧讀《政治學》
十二生肖有的仍在讀孔孟
但孔孟已宣告退出江湖

千年古木被一群豬偷去
賣了
狐狸修煉成精
都是王道
獅子鱷魚追殺羚羊也是公道

口水成洪水沖倒一座山
山坡土石流稱霸

滾下來殺人
是最正點的政治學

色·戒

色藏於空很難戒
空中之色看不見，戒不掉
白天或黑夜有影隨行
悄悄釘上你也來不及戒
也罷
就讓婚姻或愛情乃至交配
萬歲萬歲萬歲萬萬歲
歷史才有得寫
所要小心的是心存戒備
色諜就在你身邊

她

她是一支尖尖細細
用言語製造　無形的針
她每天總會刺傷你幾回
在心頭　肉裡　表皮
全身任由她刺
因為你無從回避
那一針針
來得太快　太準
只讓你痛一下
小痛、中痛、大痛、極痛
你死不了
你得自己慢慢療傷
傷未好

針又來了……

她是一個龍卷風
有時大　有時小
就是不可測
你也躲不掉　無處躲
說來就來　說走就走
造成的遍地傷害
她才不管呢
瞬間消失無蹤
你就慢慢收拾吧
有些破壞是很難補的
她是皇帝
也算好皇帝

犧牲青春年華　為國為民
可天顏不可犯　不可逆
不可測　不可近
你得保持距離
要很小心　極小心
伴君如伴虎啊

她是一陣風
清風不識字
只是翻翻書
讀過書
風會有判斷力嗎？
但她翻臉如翻書
翻書鼓起的微弱風雲
產生了蝴蝶效應

不僅吹得倒你
也經常造成遍地災情
久久難以復原

她是調查局局長
她始終要查清四週一切事
別以為你跑得老遠　脫離掌控
回來得一一在局裡簡報
晚上在那裡　吃飯在那裡
有時局長會質疑
張科長在甲餐廳　你為何在乙餐廳
你得好好解釋
她真是搞調查的料子
任何人和她相處十分鐘
她定能知道你上三代下三代事

很厲害吧
她所知道的訊息
絕對多過鬼混的軍情局長和國安局長

她是一部念經機
全自動的
不論有電無電都能念
停念不定
念隨心起　不論日夜　四季
你無處可躲
你總不能用水泥封住兩耳
那聲音有時像遠處的土石流
有時如近處整群的砲聲
長期對準你
但

你得頂住　以忍修行
不然，要去跳海嗎？

她是一糰黏膠
她什麼人什麼事都要黏一下
什麼事都和她有關
只要被她黏上了
她說是好意　是建議
但保證你會被糾纏得想放棄一切
孫中山先生要是被她黏上了
別說十一次革命成功
就是百次也是白做工
也絕不可能有中華民國的誕生
其實她也是一個玻璃娃娃

經不起一點點風吹
任何微風細雨對她都可能是驚天動地
你不能說什麼
稍有不滿你可能成了罪犯
因為玻璃娃娃是傷不得的
一句重話
就可能造成無法收拾的災情

當然，也有平靜的日子
除了
沒有飛針時
無龍卷風時
皇帝下班時
念經機當機了
調查局長放假

無風雲　無波浪時
她　還算
慈眉善目
她，讓你吃飽喝足
她，任勞任怨
她，無怨無悔
她，做死做活
你日子還是能過
但，她是什麼
玻璃娃娃
無敵鐵金鋼
魔鬼終結者
一隻夏蟬
總之　你每天得小心

你要顫顫驚驚
你要小心過關
每一分鐘都是一個要命的關
一根針隨時會刺傷你心頭
龍卷風在你面前瞬間颳起
虎君是無常的
得罪了你無法收拾
啊，觀自在菩薩
我只好躲進你的普陀山紫竹林中
修行　或
避難

但你不能一直在避難，得回到紅塵道場
接受試煉、考驗，你經過
九萬九千九百九十九個小小的折磨

九千九百九十九個通關月考
九百九十九個期末考
九九八十一個大關卡
關關都要命，你才頓悟

原來，她是一尊佛
你必須將她擎起成高坐在上的神祇

龍門酒棧

邊陲的邊陲外
有一座被獨孤星球寵愛的酒棧
住著星球滅絕前僅存的物種
假設他們也叫人

這裡的人吃黃沙可以混三餐
蒸煮黃沙也成美酒
紅燒黃沙成大塊大塊的肉
喝酒是客棧中唯一的風景

這裡的紅燒肉煮熟後
心臟還跳　張大嘴說
有誰膽敢吃我

就叫錦衣衛追殺你九族八代

這裡的人也怪
酒喝的爽不爽、要不要喝
都說　先問問我手上的劍
通常大家肉照吃　酒照喝
這酒棧也真厲害
歷五千年而不倒
不論好壞都能在滾滾黃沙中撐下去
真是神呀

我在好奇心驅使之下
命法務部調查局啓動監聽機制
令國家安全局派高級太監
應該叫星際政務宦官　依法調查

結果讓人驚奇
原來他們也是炎黃子孫星際移民的後代
龍的傳人
他們不忘祖源取名龍門酒棧

孝親，在流浪

孝親很老了
活的很累、很苦、很沒有尊嚴
而且很重
是許多人心中的石頭
都深恐掉下來砸到腳
孝親只好成為流浪漢
沒人要
獨自躺在無人的街角
等死
撿取人家丟過來的同情充飢
為何要去街角流浪？
因為孝親已不住於家

為何等死？
因已半死不活
想活，這世界誰要接納？
想死，卻一息尚存
期待有好心的給他最後一刀
解脫
啊，孝親，你所處的世界
是何樣的世界？

孝親現在成了孤魂野鬼
在陽界，沒有依住的家園
而陰界，尚未取得入境簽證
游走於陰陽兩界間的灰色地帶
前進無門　回頭無岸
苦海無邊　阿彌陀佛

小記：現代社會真是「詭異」的很，照理說富裕後更應老有所養，但似乎不是那回事。那一家人（朋友轉述），兒女都有高成就，有醫生、有教授，就是兩個「老家夥」沒人要，老人家一生省吃儉用的老本被「盜領」一空，兒女拿去買車的買車，花用的花用，美其名曰：「反正老人不會用錢」。「孝親」觀念在現代社會多麼淡薄！難以理解，孝養父母真的已成「夕陽工業」，那是「個案」嗎？放眼看去，多聽聽，似乎很「普及」。深有所感，（二〇一二年夏草於台北蟾蜍山，萬盛草堂主人陳福成）。

公無渡河（一）

公無渡河，救難手續正在申請中
公竟渡河，高層長官說要請示三公
墮河而死，大水無情沖過來
當奈公何，全民沸騰拼命轟

氣氛預告會變天，公無渡溪
烏雲滿天龍王說，公竟渡溪
大水挾土石流來，墮溪而死
寶貴生命滅了頂，詩亦無奈

公無渡河（二）

公無渡河，台獨毒河很可怕
公竟渡河，你偏要背叛祖宗涉獨
墮河而死，獨河毒水飲一口無救
當奈公何，成了民族罪人老番癲

五千年歷史文化警示，公勿涉獨
億億人民口水淹死你，公竟涉獨
分裂國家民族罪萬死，墮獨而死
可惜可惜當了敗家子，當奈公何

我住水星

現在台灣人分住在兩顆星球
一群住火星，講火星話，用火星文
一群住水星，講水星話，用文星文
兩個世界，無蟲洞可以溝通

我住水星最深最冷的地方
孤零零的四周
都是擊不破　鑿不穿的堅硬冰層
陽光進不來
連聲音也都沒有任回聲反映
欲引太陽熱度熔冰取暖
也因距離太遠而
白做工

朋友分手

只是一隻蝴蝶引起的風
風滿樓
山雨隨之而來
有風有雨當然雷公公也來了
轟然一聲巨響

有時不須要一隻蝴蝶
只是一條喝醉的狗
對著你狂吠
甩甩頭走了
緣起緣滅
天邊起雲也是有原因的

第五輯　醉月湖畔的悠閒

2009 年，峨眉山

2010 年，山西芮城

醉月湖畔的悠閒

台大醉月湖畔景觀是個微型異世界
這裡沒有地心引力
人和湖邊居民都是輕飄飄的
——我不是說阿飄
何況月和湖都喝得醉眼惺忪
誰知道誰有幾兩幾斤重
你不必做什麼
只要走到湖畔人就自然隨風飄揚
心當然也就飄然出塵而飄逸起來

湖邊可愛的咖啡亭也會與你神交
叫香香姑娘端上一杯熱騰騰的咖啡
香雲縈繞　神思騰雲駕霧

鴿子、水鴨、游魚、烏龜、黑天鵝
超可愛的大白鵝
這些居民教育水平高又有氣質
個個都是溫文儒雅的君子
過著桃花源理想國的悠閒日子
你不知不覺被這裡的文質彬彬和悠哉悠哉感染
身心似白雲悠悠

晚風臨、情思繚，那人向我走來
水聲悠揚，而夢無痕
漾漾醉意中，向垂柳說幾句情話
你不信嗎
湖邊一刻是外境一年
幻境也好，實境也罷
人生苦短，承擔太多，身心過重

何不讓醉月湖的悠閒減輕你的重量
擁美景入懷，邀悠閒入夢
別老是受某種引力控制
人生輕飄飄，身心飄飄然

台北街頭上下班一景

每到上下班時間
所有坦克車、自走砲、各種頂層掠食者
走上街頭
沿路轟炸、砲擊、示威
行人紛紛走避或一旁佇足觀戰
突地
碰！一隻不長眼的兔子
對著冷漠無情的金屬反擊
卻被暴龍一口吃了
眾生一臉錯愕
而坦克大砲才不管呢！
轟轟、轟轟……向前衝
有一群更大的暴龍在追殺坦克和大砲

集體逃亡和大規模追殺
是每天上演的舞台劇

那年的兵變

妳曾經是一團火
在我的唇上點燃熊熊烈焰
照亮心空
在我心頭誘動沈睡許久的死火山
瞬間爆發
改變四週一切景物
四射的熱力也維持了很久

太陽為什麼要西沈？也要兵變嗎？
火勢因兵變而熄滅，溫度愈來愈涼
灼傷的痛尚未痊癒
幸好曾有的溫馨是心窩的永久住户
讓歡樂與痛苦都從記憶中刪除

玩過、愛過、曾經彼此擁有過
我們曾經是一團火

七月

七月的性情最刁鑽古怪
太陽最不受教
不管怎樣調教還是火刺刺的驕傲
風和雲也很無常
而雨，像一場場難料的戰爭
有時像九一一事件
神鬼不覺就爆發了
人和知了比賽誰最喧嘩
只有樹下的雞最自在
隨心禪定

七月，唯一不受你干擾的眾生
只有雞

蝴蝶標本

美麗的夢遲早要醒
夢醒了　遠走高飛
留下來是夢的遺體
不須美容
一樣美麗

青春翩翩起舞，不會永駐
飛過的時光都是春天
當年華老去，我靜靜躺下
躺在棺材裡
一樣散發美麗

下樓梯

那一回
退化性關節炎提前來見
我從二樓下樓梯
一樓階梯望著我
我望著他
有如徐蚌——淮海會戰的兩軍
相互對峙打量
每一個階梯都是
冷潮熱諷的眼睛
扶梯以勝利者的姿態說要布施
我只好讓他扶著下樓梯

二〇一三，一陣風

千禧一三　像一陣風
吹過平原沙漠山嶺留下空空
連你千千結的心也吹得無影無蹤
你看，那一陣陣風
不回眸
走了就是走了　他可輕鬆
獨你心頭沈重
遍地殘葉是你織不起來的記憶
幾縷漣漪是青春不再的唏噓

他要走不必強留
人生如夢　歲月如風
緣起緣滅

才是你心海靈山
永恆的春天

迎接二〇一四

時空折疊又瞬間通過蟲洞
一出洞口　是
二〇一四
另一翻明媚春風
我們歡呼一個新世界
人人心想事成　願望實現
二〇一四啊要你四季如春
讓春柳在湖邊寫意
得意泛在人們臉龐
春風撫摸大地
大地的心祈禱　這一年
地球上沒有天災人禍

讀不懂妳

我們相對而坐
坐，幾十年
讀妳
妳的眼神映出一片江南煙雲
我欲隨煙雲飄去
想要祈求一滴溫柔的雲雨

雲雨幻化成一條魚
游弋在江洋中浮浮潛潛
我追　我讀
我化成大雁鼓足翅膀
只想追妳　讀妳
卻仍讀不懂妳

望著妳向更遠更高的藍空
飛遠　飛遠

公館街頭瞬間一景

午後　熙來攘往的人潮中
突然
許多眼神雙胞胎
同時告別了睫毛、眼球等家人
飛快的　專注的
盯住不遠處少女的
迷妳裙——下的
兩支雪白婷立的筊白筍

又瞬間　玉筍沒入人潮
眾眼神回去和家人相聚
旁邊有兩起行人和腳踏車相撞
有人回神過來幫忙處理

美女，街景

那美女，色絕
像一條強大的拖網漁船
有無數鈎和網
從她身上放射出來
滿街的魚都被網羅鈎住
且被拉扯

美麗的船
往前移動
群魚被拉著向前游
眼看著就要收網
船開進一家修船廠
鈎網放開了群魚

群魚
恢復了悠游自在

失寵的郵票

我雖嬌小卻有壯志
一生旅行於三大洋五大洲　以及
所有大城小鎮間
總數面積加起來可以蓋住天空

我有神聖的使命感
世人之友情、愛情、親情及其他
都一肩承担
許多人的愛和豐功大業
由我促成

曾幾何時電腦大流行
伊媚兒臉書和賴什麼的

集全民寵愛於一身
我單薄的身子失寵成一支
秋扇　巴望著集郵的人
關愛的眼神

酒意上樹

酒意自心田長出新芽
不久成一棵大樹
瞬間綠葉轉黃
心事落滿地　酒意爬上樹

午夜，又有殘葉說酒話
把夢壓得又重又厚
清晨
仍在糾纏那杯未喝的酒

這杯未喝的交杯酒
引得十年、百年的酒意
不斷在心山的大樹上

上不上　下不下
欲把樹整株砍除
卻找不到可以下斧處

詩，唯一的知音

心中的苦悶孤獨向誰說
我顫動的詩只能
化作詩行
說給詩聽　寫給詩看

情話說給誰聽
情人早已遠離
愛情還埋在古生代的化石層
我化成一行行情詩
念給詩聽　給詩欣賞

我的抱怨、憤怒、批判和委屈
我的人生　我的戰史

只給詩知　給詩讀
詩深懂我心

我與詩同牀眠　同穿一條內褲
深夜與詩共飲一壺酒
詩，是我這輩子唯一的知音

六十的愛

想要愛
是人人心中的一座活火山
誰能阻止要從地心噴發的欲望

自從十多年前血液被層層硬化的地殼馴服
馴而服從、制壓、制約
火山竟快速失去動能
幾成死火山
只剩下一些溫柔的搖搖幌幌
讓人無感的一二級地震

只好把愛昇華到哲學家的高度
沈思
也是一種愛

春天說

有一回我向春天說出
活火山快速變成死火山的故事
她不相信
說絕不可能
自然界沒有這種道理
真正的春天有能耐起死回生
你是沒有碰到人間極品之春

她說，你仔細看
人間極品之春來了
死寂的大地　一片綠油油生機
到處充滿旺盛的生命力
來，我是你的絕美春天

你試試

果然
死火山又成了活火山

春天，有妳真好

我現在很聽春天的話
春天重新啓動我潛藏微弱的生命力
滋養成一座旺盛噴發的活火山
春天，妳是愛的代言人
凡失去的
春風吹又生

看啊！春天百花爭艷
迷迷濛濛的眼神看得叫萬物心跳
示愛的花花草草
失去的和未失去的
都成重新詮釋愛情意義的豐腴土壤
春天，有妳真好

詩，無所不能

我寫一首詩在蘇富比拍賣
至少萬元起跳
出版一本詩集讓粉絲發狂
狂銷百萬本

我一個筋斗雲翻過十萬八千里
我一念緊箍咒
可以箍死十萬個倭寇
我喊一聲凍
長江黃河水都結冰

這一切都在我意象建構
詩意境中

莫愁湖

我常想起妳
想妳的名字
妳鐵定是多愁善感的女子
妳舉杯消愁愁更愁
不然為何叫莫愁

妳說莫愁人更愁
我愁的是，怎樣解妳心中愁
我問湖水
漣漪輕歌唱一曲淡淡的愁
是不是悲慘的歷史叫人愁

小記：莫愁湖在南京水西門外，古來就是金陵美景之一，但現在湖邊蓋起高樓大廈，有些可惜。

那一瞥

那年送妳出國留學
妳一回眸
抽刀斷水
如浪的淚映在水花

妳不想離去
去那遙遠的地方
我們約定
把這份情典藏在心靈深處
有一天我們要喚醒這份深情

年年月光注視著
那張空空的椅子

一朵不懂事的烏雲飄來
明月的回眸就像臨別那一瞥

螳螂愛

人類太膽小又自私
知道求愛要付出生命鐵定不幹
不夠資格談愛
像我們螳螂族
愛的價值遠遠超過生命
為求愛也為物種延續
當她發出愛的訊息
我知道這是一條不歸路
但我勇於赴愛，準備犧牲小我
以生命示愛
痛痛快快的愛一場　並以
肉身供養愛侶
讓她滋補把我族類的愛傳揚下去

小記：雌雄螳螂做愛時，雌螳螂會在「房事」將結束前，咬死雄螳螂，並吃掉它。

老夫妻

只有
上弦月　加
下弦月
才是圓的
圓，也只是一下下的
影子

很快問題來了
這個缺　那個缺
缺了又圓
陰陰晴晴的笑罵著
那反反復復的
陰影

推倒一面比柏林圍牆更大的牆

在很多人心中有一面面巨牆
比柏林圍牆大很多
這牆由一塊塊七情六欲磚建造
又用貪瞋痴慢疑黏膠連結
堅固無比
大火燒不盡　春風吹又生
大水沖不垮　水去又復原
巨牆有基因　代代傳承
但很奇怪　多數人皆說
沒看見呀，牆在那裡？

你從出生、長大、成家立業
你就被這牆包圍　塑造

你被建構成一座巨牆
你被植入牆的基因
你一輩子為建構圍牆、悍衛巨牆
而打拼
九死而不悔
而說牆是不存在的

現在你老了，你才發現一面巨牆
霸佔了你全部的心空
你在牆內孤獨一生
現在你要找牆　牆在那裡
一定要找出來　放逐牆
推倒一面面牆　判牆的死刑
你才能隨風而去
去到那風也到不了的地方
自我解放

第六輯　和死亡對話

2009 年，重慶大學

2010 年，山西芮城

和死亡對話

死亡長像恐怖嗎
為什麼人人都怕

我一定要問死亡是混什麼的
寫一張短箋用快捷寄給死亡啓
先打聽居家環境　那裡最好
寄一張生活照來讓我看看
死亡的真相
未死的信差說他不能過奈河橋
信件暫置奈河畔

深夜死亡來我夢中答話說
死亡是最接近新生命的地方

如一朵花落　如詩之成
時空和因果也在這裡匯流入大海
隨業而去　解放流轉

把空間剝光衣服

空間橫躺而且扭曲
產生巨大的引力
吸引你，必須入侵並統一空間
但入侵之前
必須剝光空間的衣服

於是
我和空間發生一場戰役
幾回會戰
空間顫動
動，像一隻姝麗寵物
任你自黑洞中進出
戰場產生水患

起初只是口水
口水變洪水
洪水沖垮宇宙的四支大柱

過程中
我和空間都垮了
垮向對方的懷裡
剝光衣服還不滿足
接著雙雙也把皮剝了
把肉也溶了
一再從黑洞進出過程中溶解對方
浸淫在浸淫中
一再溶解、重製、解構又結構
我們經多次溶製

我已非我
空間也非空間
物質非物質
時間留在黑洞中
我們完成了終極統一
一個軀體願意被另一個軀體
任意咀嚼
而時間、空間和物質
都是一隻隻剝光衣服的姝麗寵物

註：「空間、時間和物質都是人們的錯覺。」這是愛因斯坦說的。

給你

你活著
可是，你把生命給了誰？
醫生？鈔票？時間？一片土地？

你有血有肉
可是，你的生活是不是有血有肉？
或只是喝血吃肉

若然
你已窮得只剩血和肉
你有骨頭
可是，你的生活有沒有骨頭？
或只是一根被丟棄的鷄骨頭

人生有起落貧富
至少你可以讓生活有血有肉有骨頭
人生會像一首詩

一顆淚

半世紀前的那
一顆淚
為什麼至今
垂著
懸垂著，欲墜不落地

晶圓、火熱、碎心
一滴淚
為什麼比地球
重
重重的，壓在心頭
小小的一滴淚

為什麼掀起天高巨浪
改變了歷史走向
人生也大幅度翻轉
連生命的顏色和滋味也變了

這一顆比地球重的淚
始終仍壓在心頭
因為是非對錯好壞功過尚無答案
懸垂的淚
何時落地？消溶

因為死人、世界才美

我們是有史以來所有的死人
我們與高彩烈開著地下轟趴
慶祝我們對全人類的貢獻
喜歡做人的又去投胎轉世
有的去了西方極樂世界
須要再教育的被送到地獄去苦修
但無論如何
因為有死人　到處死人多
這世界才顯得真善美

我們到了該死的時候就走人
路上才不會滿路百歲千歲萬歲人瑞
糧食才夠吃　房子才夠住

空間才夠用　淨水方夠喝
錢財才夠花
老人年金才永續有得發
社會才有活力
世界才美麗　而最重要的
兒孫才不會太辛苦
政府才不會垮台

若我們永遠都不要死
政府很快就垮台
乃至亡黨亡國
又壓死了地球

因此，所有死人一致認為
救國家民族　救世界　救社會

捨我等死人誰其能？
所有死人也漸漸有一種看法
社會要和諧　世界要和平
現在所有活著的人必須盡快死光光
才是世界之至美

人生

之一：
扳機一摳
咻——
走了

之二：
嗒嗒嗒、嗒——
啊
中彈，完了

之三：
噓——呼——
護士對家屬說

現在指數是1

之四：

我颷、我颷、我颷颷

碰

電線桿跟我過不去

之五：

「上帝也不能使我沉沒」

碰——

救生艇上的人靜靜的看著

死神、抓他

之六：

「各位旅客紐約就快到了」

轟——

之七：

一艘艘
駛過時空之海
激起浪花
浪花消逝
有海
無痕

夜晚時眾星竊竊私語
荒謬

給老夫一個住的地方

陽界那些未來的鬼都説
這些無主孤墳
統統要遷走　綠化後成公園
真是豈有此理
老夫在此住了幾十年　有上百年的
不過我鄰居是新來的

陽界的鬼人有何資格叫我們走路
有問過我們嗎？先到先佔
或至少也要問問我們領導
最近我們地下居民開里民大會
上級領導同意再請示上級
勿論如何　給老夫一個住的地方

陰間有酒喝嗎

——警方大力取締酒駕後

聽說陰間什麼苦刑都有
熱鐵纏身　銅汁灌喉
為啥不灌酒呢
冥府無酒
是不是閻羅王下了禁酒令
立委該去查查
是否違憲　或違反鬼權
人有人權　鬼也有鬼權

經陰陽兩界啓動調查機制
調查員參訪各界廟宇
地藏廟列為視察重點

香花素果　三牲五醴
少不了清酒一杯
都說：無酒擲無筊
眾神也喝酒
委員會建議陰間開放賣酒
陽界將有大批酒駕肇事者押解送到

二〇一三年四月・三月詩會・陳福成

他是死人嗎？

他是死人
總經理這麼說
他鐵定就是死人了
他沒救了

你說他死了
她也說他是死人
醫生也宣判死亡

這些都不對
你們問過死人死了嗎？
他不回答不表示他已死
他只是心死

他有權行使緘默
這世界到底誰說了算數？

別抹黑鬼

有個詩人說
與鬼為鄰時要變成石頭
說真話，被攻擊
說假話，受贊美
與鬼為鄰時要沈默

這位仁兄請勿抹黑鬼
古今中外未聞鬼騙人
未聞鬼害人
所有騙人、幹壞事的全都是人

人類的文化文明
遠不如鬼文化鬼文明來得進步

仁兄醉酒

狂飲一罎得意，引燃一座火山
沒醉，火山瞬間化解成海
掀起大海嘯
吞沒了第七艦隊
製造「三一一」大災難
還說不滅倭寇不醒來

小二，酒全都拿來
酒不夠，快去種萬畝高粱
飲盡山河大地
金樽還空
小二，去把太平洋倒進來
還空　把月亮裝來

二〇一三年四月三日詩會　陳福成

詩人是一隻火鳥

這隻鳥若不燒
沒有詩
燒，才騷
騷成一隻火紅的鳥
詩有血有肉有骨
燒的旺旺
有意象有境界有靈氣
只管燒
把溫度燒到百度千度
便是不死的火鳥
生出的詩可傳千秋
不朽

陳福成生命歷程與創作年表（只記整部出版著作）

民國四十一年（一九五二）一歲

△元月十六日，生於台中縣大肚鄉，陳家。

民國四十八年（一九五九）八歲

△九月，進台中縣大肚國民小學一年級。

民國四十九年（一九六〇）九歲

△夏，轉台中市太平國民小學一年級。

民國五十年（一九六一）十歲

△春，轉台中縣大雅國民小學六張犁分校二年級。

年底搬家到沙鹿鎮，住美仁里四平街。

民國五十一年（一九六二）十一歲

△轉台中縣新社鄉大南國民小學三年級（月不詳）。

民國五十四年（一九六五）十四歲

△六月，大南國民小學畢業。

△九月，讀東勢工業職學學校初中部土木科一年級。

△是年，開始在校刊《東工青年》發表作品。

民國五十七年（一九六八）十七歲

△六月，東工第一名畢業，獲縣長王子癸獎。

△八月三十一日，進陸軍官校預備班十三期。持續在校刊發表作品，散文、雜記等小品較多。

民國五十九年（一九七〇）十九歲

△春，大妹出車禍，痛苦萬分，好友王力群、鍾聖錫、劉建民、虞義輝等鼓勵下接受基督洗禮。

民六〇年（一九七一）二十歲

△六月，預備班十三期畢業。

△七月，同好友劉建民走橫貫公路（另一好友虞義輝因臨時父親生病取消）。

△八月，升陸軍官校正期班四十四期。

△年底，萌生「不想幹」企圖，四個死黨經多次會商，一直到二年級，未果，繼續

讀下去。

民六十四年（一九七五）二十四歲

△四月五日，蔣公逝世，全連同學宣誓留營以示效忠，僅我和同學史同鵬堅持不留營。（多年後國防部稱聲那些留營都不算）

△五月十一日（母親節），我和劉、虞三人，在屏東新新旅社訂「長青盟約」。

△六月，陸軍官校四十四期畢業。

△七月，到政治作戰學校參加「反共復國教育」。

△九月十九日，乘「二二九」登陸艇到金門報到，任金防部砲指部斗門砲兵連中尉連附。

民國六十五年（一九七六）二十五歲

△醉生夢死在金門度過，或寫作打發時間，計畫著如何可以「下去」（當老百姓去），考慮「戰地」軍法的可怕，決定等回台灣再看情況！

民國六十六年（一九七七）二十六歲

△春，輪調回台灣，在六軍團砲兵六〇〇群當副連長。駐地桃園更寮腳。

△五月，決心不想幹了，利用部隊演習一走了之，當時不知道是否逃亡？發生「逃官事件」，險遭軍法審判。

△九月一日，晉升上尉，調任一九三師七七二營營部連連長，不久再調任砲連連長，駐地中壢。

△十一月十九日，「中壢事件」，情勢緊張，全連官兵在雙連坡戰備待命。

民國六十七年（一九七八）二十七歲

△七月，全師換防到馬祖，我帶一個砲兵連弟兄駐在最前線高登（一個沒水沒電的小島），島指揮官是趙繩武中校。

△十二月十五日，美國宣佈和中共建交，全島全面備戰，已有迎戰及與島共存亡的心理準備，並與官兵以「島在人在，島失人亡」共盟誓勉。

民國六十八年（一九七九）二十八歲

△十一月，仍任高登砲兵連連長。下旬返台休假並與潘玉鳳小姐訂婚。

民國六十九年（一九八〇）二十九歲

△七月，換防回台，駐地仍在中壢雙連坡。

△十一月，卸連長與潘玉鳳結婚。

民國七〇年（一九八一）三十歲

△三月，晉升少校（一九三師）

△七月，砲校正規班結訓。

△八月，轉監察，任一九三師五七七旅監察官。（時一九三師衛戍台北，師長李建中將軍）。

民國七十一年（一九八二）三十一歲

△三月，仍任一九三師五七七旅監察官。駐地在新竹北埔。

△現代詩「高登之歌」獲陸軍文藝金獅獎。當時在第一士校的蘇進強上尉，以「青青子衿」拿小說金獅獎。很可惜後來走上台獨路，不知可還有臉見黃埔同學否？

△長子牧宏出生。

△年底，全師（193）換防到馬祖北竿。

民國七十二年（一九八三）三十二歲

△六月，調任一九三師政三科監察官（馬祖北竿，師長丁之發將軍）

△十二月，調陸軍六軍團九一兵工群監察官。

民國七十三年（一九八四）三十三歲

△十一月，仍任監察官。

△父喪。

民國七十四年（一九八五）三十四歲

△四月，長女佳青出生。
△六月，〈花蓮十日記〉（台灣日報連載）。
△八月，調金防部政三組監察官佔中校缺，專管工程、採購。（司令官宋心濂上將）
△九月，「部隊管教與管理」獲國防部第十二屆軍事著作金像獎。
△今年，翻譯愛倫坡（Edgar Allan）恐怖推理小說九篇，並在偵探雜誌連載，多年後才正式出版。

民國七十五年（一九八六）三十五歲

△元旦，在金防部監察官晉任升中校，時金防部司令官趙萬富上將。
△六月，考入政治作戰學校政治研究所第十九期三研組。（所主任孫正豐教授、校長曹思齊中將）
△八月一日，到政治作戰學校研究所報到。

民國七十六年（一九八七）三十六歲

△元月，獲忠勤勳章乙座。
△春，「蔣公憲政思想研究」獲國民黨文工會學術論文獎。
△九月，參加「中國人權協會」講習，杭立武當時任理事長。
△今年，翻譯愛倫坡小說五篇，並在偵探雜誌連載，多年後才正式出版。

民國七十七年（一九八八）三十七歲

△六月，政研所畢業，碩士論文「中國近代政治結社之研究」。到八軍團四三砲指部當情報官。

△八月，接任第八團四三砲指部六〇八營營長，營部在高雄大樹，準備到田中進基地。（司令是王文燮中將、指揮官是涂安都將軍）

民國七十八年（一九八九）三十八歲

△四月，輪調小金門接砲兵六三八營營長。（大砲營）（砲指部指揮官戴郁青將軍）

△六月四日，「天安門事件」前線情勢緊張，前後全面戰備很長一段時間。

民國七十九年（一九九〇）三十九歲

△七月一日，卸六三八營營長，接金防部砲指部第三科作戰訓練官。

△八月一日，伊拉克入侵科威特，海峽情勢又緊張，金門全面戰備。

民國八〇年（一九九一）四〇歲

△元月、二月，波灣戰爭，金門仍全面戰備。

△三月底，輪調回台南砲兵學校任戰術組教官。（指揮官周正之中將）（以後的軍職都在台灣本島，我軍旅生涯共五次外島，金門三，馬祖二。）

民國八十一年（一九九二）四十一歲

△三月，參加陸軍協同四十五號演習。
△六月，考入三軍大學陸軍指參學院。（校長葉昌桐上將、院長王繩果中將）
△七月四日，到大直三軍大學報到。

民國八十二年（一九九三）四十二歲

△六月十九日，三軍大學畢業，接任花東防衛司令部砲指部中校副指揮官，時中校十一級。（指揮官是同學路復國上校，司令官是畢丹中將）
△九月，我們相處的很好，後來我離職時，同學指揮官送我一個匾，上書「運籌帷幄，決勝千里」。可惜實際上沒有機會發揮，只能在紙上談兵，在筆下論戰，幾年後路同學升少將不久也退伍了。調原單位司令部第三處副處長。
△這年經好同學高立興的努力，本有機會調聯訓部站一個上校缺，卻因被一個姓「朝鮮半島」的同學「穿小鞋」，功敗未成，只好持續在花蓮過著如同無間地獄的苦日子。

民國八十三（一九九四）四十三歲

△二月，考取軍訓教官，在復興崗受訓。（教官班四十八期）
△四月，到台灣大學報到，任中校教官。當時一起來報到的教官尚有唐瑞和、王潤身、劉亦哲、吳曉慧共五人。總教官是韓懷豫將軍。

△四月，老三佳莉出生。她的出生是為伴我中老年的寂寞，從她出生到小三，洗澡換尿片三更半夜喝奶，全我包辦，三個孩子只有她和我親近。

△七月，母喪。

△十一月，在台大軍官團提報「一九九五閏八月的台海情勢」廣受好評。

民國八十四年（一九九五）四十四歲

△六月，「閏八月」效應全台「發燒」。

△《決戰閏八月——中共武力犯台研究》一書出版（台北：金台灣出版社）。本書出版後不久，北京《軍事文摘》（總第59期），以我軍裝照為封面人物，大標題以「台灣軍魂陳福成之謎」，在內文介紹我的背景。

△七月，開始編寫各級學校軍訓課程「國家安全」教材。

△十二月，《防衛大台灣——台海安全與三軍戰略大佈局》一書出版：（台北：金台灣出版社）

民國八十五年（一九九六）四十五歲

△元月，為撰寫軍訓課本「國家安全」，本月十一日偕台大少校教官陳梅燕拜訪戰略家鈕先鍾先生，主題就是「國家安全」。（訪問內容後來發表在「陸軍學術月刊第375、439期」

△三月，擔任政治大學民族系所講座。（應民族系系主任林修澈教授聘請）。
△《孫子實戰經驗研究》一書，獲中華文化總會學術著作總統獎，獎金五萬元。
△《國家安全》幼獅版，納入全國各級高中、職、專科、大學軍訓教學。
△四月，考上國泰人壽保險人員證。
△九月，佔台灣大學上校主任教官缺。
△榮獲全國軍訓教官論文優等首獎，《決戰閏八月》。

民國八十六年（一九九七）四十六歲

△元旦，晉升上校，任台大夜間部主任教官。
△七月，開始在復興廣播電台「雙向道」節目每週一講「國內外政情與國家安全」（鍾寧主持）。
△八月，《國家安全概論》（台灣大學自印自用，不對外發行。）
△十二月，《非常傳銷學》出版。
民國八十七年（一九九八）四十七歲
△是年，仍在復興電台「雙向道節目」。
△五月，在台大學生活動中心演講「部落主義及國家整合、國家安全之關係」。
△十月十七日，籌備召開「第一屆中華民國國防教育學術研討會」（凱悅飯店，本

會在淡江大學戰略所所長翁明賢教授指導下順利完成，工作夥伴除我之外，尚有輔仁大學楊正平、文化大學李景素、淡江大學廖德智、中央大學劉家楨、東吳大學陳全、中興法商鄭鴻儒、華梵大學谷祖盛（以上教官）、淡江大學施正權教授。）我在本會提報論文「論國家競爭優勢與國家安全」（評論人：台灣大學政治系助理教授楊永明博士），本論文為銓敘部公務人員學術論文獎，後收錄在拙著《國家安全與情治機關的弔詭》一書。

△七月，出版《國家安全與情治機關的弔詭》（台北：幼獅出版公司）。

民國八十八年（一九九九）四十八歲

△二月，從台灣大學主任教官退休，結束三十一年軍旅生涯。「化敵為我，以謀止戰」（小說三十六計釜底抽薪導讀，與實學社總編輯黃驗先生對談。）；考上南山人壽保險人員證。

△四月，應國安會虞義輝將軍之邀請，擔任國家安全會議助理研究員。（時間約一年多，每月針對兩岸關係的理論和實務等，提出一篇研究報告（論文）。

民國八十九年（二〇〇〇）四十九歲

△三月，《國家安全與戰略關係》出版（台北：時英出版社）。

△四、五、六月，任元培科學技術學院進修推廣部代主任。

△六月一日，在高雄市中山高中講「兩岸關係及未來發展——兼評新政府的國家安全構想」（高雄市軍訓室軍官團）

△十一月，與台灣大學登山會到石鹿大山賞楓。

△十二月，與台灣大學登山會到司馬庫斯神木群。

民國九〇年（二〇〇一）五十歲

△五月四到六日，偕妻及一群朋友登玉山主峰。

△六月十六、十七日，參加陸軍官校建校七十七週年校慶並到墾丁參加44期同學會。

△十月六日，與台大登山隊到睏牛山。

△十二月，《解開兩岸十大弔詭》出版（台北：黎明出版社）。

△十二月八到九日，登鎮西堡、李棟山。

△十二月二二到二三日，與台大登山隊走霞克羅古道。

民國九十一年（二〇〇二）五十一歲

△去年至今，我聽到三位軍校同學過逝，甚有感慨，我期至今才約五十歲。想到學生時代很要好的同學，畢業已數十年，怎都「老死不相往來」，我決定試試，召集住台大附近（半小時車程），竟有七人（含我）來會，解定國、高立興、陳鏡培、童榮南、袁國台、林鐵基。這個聚會一直持續下去，後來我定名「台大周邊

地區陸官44期微型同學會」（後均簡稱「44同學會」第幾次等。

△二月，《找尋一座山》現代詩集出版，台北，慧明出版社。

△二月十二到十四日，到小烏來過春節，並參訪赫威神木群。

△二月二三到二四日，與台大登山會到花蓮兆豐農場，沿途參拜大理仙公廟。

△四月七日，與山虎隊登夫婦山。

△四月十五日，在范揚松先生的公司第一次見到吳明興先生（當代兩岸重要詩人、作家），二十多年前我們曾一起在「腳印」詩刊發表詩作，未曾謀面。

△四月二十一日，與台大隊登大桐山。

△四月三十日，在台大鹿鳴堂辦第二次44同學會：我、解定國、袁國台、高立興、周念台、林鐵基、童榮南。

△五月三到五日，與台大隊登三叉山、向陽山、嘉明湖。（回來後在台大山訊發表紀行一篇）。

△六月二一到二三日，與苗栗三叉河登山隊上玉山主峰（我的第二次）。

△七月第一週，在政治大學參加「社會科學研究方法」研習營。（主任委員林碧炤）。

△七月十八到二一日，與台大登山會登雪山主峰、東峰、翠池。在「台大山訊」發表「雪山盟」長詩。

△八月二十日，與台大登山會會長張靜二教授及一行十餘人，勘察大溪打鐵寮古道、草嶺山，並到故總統經國先生靈前致敬。

△八月二九到九月一日，與山友十餘人登干卓萬山、牧山、卓社大山。（因氣候惡劣只到第一水源處紮營，三十一日晨撤退下山。）

△九月，《大陸政策與兩岸關係》出版（黎明出版社，九十一年九月）。

△九月二十四日，在台大鹿鳴堂辦第三次44同學會：我、高立興、童榮南、林鐵基、周念台、解定國、周立勇、周禮鶴。

△十月十八到二十日，隨台大登山隊登大霸尖山（大、小霸、伊澤山、加利山），在「台大山訊」發表「聖山傳奇錄」。

△十一月十六日，與台大登山隊登波露山（新店）。

民國九十二年（二〇〇三）五十二歲

△元月八日，第四次44同學會（在台大鹿鳴堂），到有：我、周禮鶴、高立興、解定國、袁國台、林鐵基、周立勇。

△元月八日，在台灣大學第一會議室演講「兩岸關係發展與變局」，併發表四本年度新書。（台大教授聯誼會主辦），除《解開兩岸十大弔詭》和《大陸政策與兩岸關係》兩書外尚有：《找尋一座山》（現代詩集，慧明出版）、《愛倫坡恐怖

小說選》。

△二月二十八日，應佛光人文社會學院董事會秘書林利國邀請，在宜蘭靈山寺向輔導義工演講「生命教育與四Q」。

△三月十五、十六日，與妻參加台大登山隊「榛山行」（在雪霸）。

△三月十八日，與曾復生博士在復興電台對談兩岸關係發展。

△三月十九日，到非政府組織（NGO）會館，參加「全球戰略新框架下的兩岸關係研討會」，由「歐洲文教基金會與黨外圓桌論壇」主辦。席間首次與前民進黨主席許信良先生閒談。晚間餐會與前立法委員朱高正先生和台大哲學系教授王曉波夫婦同桌，我和他們都是素昧平生。但兩杯酒一喝，大家就開始高談近代史事，朱委員酒量很好，可能有「千杯不醉」的境界。名片上印有「周易」文言：「夫大人者。與天地合其德。與日月合其明。與四時合其序。與鬼神合其吉凶。先天而天弗違。後天而奉天時。天且弗違。而況予人乎。況于鬼神乎。」，其境界更高。

△三月二十日，叢林一隻不長眼的「肥羊」闖進頂層掠食者的地盤，性命恐將不保；美伊大戰開打，海珊可能支持不了幾天。

△三月二十六日到三十日，隨長庚醫護人員及內弟到大陸，遊西湖、黃山。果然「上有天堂下有蘇杭」、「黃山歸來不看山」，我第一次出國竟是回國。歸程時SARS

開始流行，全球恐慌。

△四月三日到六日，同台大登山隊登雪白山，氣候不佳，前三天下雨。第一天宿司馬庫斯，第二天晨七時起程，沿途林相原始，許多千年神木，下午六時雪白山攻頂，晚上在山下紮營，第三天八點出發，神木如林，很多一葉蘭，下午過鴛鴦湖，五點到棲蘭。第四天參觀棲蘭神木，見「孔子」等歷代偉人，歸程。

△四月十二、十三日，偕妻與台大登山隊再到司馬庫斯，謁見「大老爺」神木群等。

△四月二十一日，第五次44同學會（在台大鹿鳴堂），到者：我、袁國台、解定國、林鐵基、周立勇。

△六月十四日，同台大登山隊縱走卡保逐鹿山，全程二十公里，山高、險惡、瀑布，螞蝗多。

△六月二十八日，參加中國文藝協會舉行「彭邦楨詩選」新書發表會。彭老已在今年三月病逝紐約，會中碰到幾位前輩作家，鍾鼎文、司馬中原、辛鬱、文曉村等人，還有年青一輩的賴益成、羅明河等。

△七月，《孫子實戰經驗研究》出版（黎明出版公司），本書是八十五年學術研究得將作品，獲總統領獎；今年又獲選為「國軍連隊書箱用書」，陸、海、空三軍各級，一次印量七千本。

△七月二十二日到八月二日，偕妻同一群朋友遊東歐三國（匈牙利、奧地利、捷克）。
△十月十日到十三日，登南湖大山、審馬陣山、南湖北峰和東峰。
△十一月，在復興電台鍾寧小姐主持的「兩岸下午茶」節目，主講「兵法・戰爭與人生」（孫子、孫臏、孔明三家）。
△十二月一日，第六次44同學會（台大鹿鳴堂），到有：我、林鐵基、童榮南、解定國、周念台、盧志德、高立興、劉昌明。

民國九十三年（二〇〇四）五十三歲

△二月二十五日，第七次44同學會（台大鹿鳴堂），到有：周立勇、高立興、童榮南、鍾聖賜、林鐵基、解定國、周念台、盧志德、劉昌明和我共10人。
△春季，參加許多政治活動，號召推翻台獨不法政權，三月陳水扁自導自演「三一九槍擊作弊案」。
△三月，《大陸政策與兩岸關係》出版，黎明出版社。
△五月二十八日，大哥張冬隆發生車禍，二週後的六月四日過逝。
△五月，《五十不惑》（前傳）出版，時英出版社。
△六月，第八次44同學會（台大鹿鳴堂），到有：我、周立勇、童榮南、林鐵基、解定國、袁國台、鍾聖賜、高立興。

△八月十一到十四日，參加佛光山第十二期全國教師生命教育研習營。

△十月十九日，第九次44同學會（台大鹿鳴堂），到有：我、童榮南、周立勇、高應興、解定國、盧志德、周小強、鍾聖賜、林鐵基。

△今年在空大講「政府與企業」，並受邀參與復興電台「兩岸下午茶」節目。

△今年完成龍騰出版公司《國防通識》（高中課本）計畫案合作伙伴有李文師（政大教官退）、李景素（文化教官退）、項台民（彰化高中退）、陳國慶（台大教官）。計有高中二年四冊及教師用書四冊，共八冊課本。

△十二月，《軍事研究概論》出版（全華科技），合著者九人：洪松輝、許競任、秦昱華、陳福成、陳慶霖、廖天威、廖德智、劉鐵軍、羅慶生，都是對國防軍事素有專精研究之學者。

民國九十四年（二〇〇五）五十四歲

△二月十七日，第十次44同學會（台大鹿鳴堂），到有：我、陳鏡培、鍾聖賜、金克強、解定國、林鐵基、高立興、袁國台、周小強、周念台、盧志德、劉昌明，共12人。

△六月十六日，第十一次44同學會（台大鹿鳴堂），到有：我、盧志德、周立勇、解定國、陳鏡培、童榮南、金克強、鍾聖賜、劉昌明、林鐵基、袁國台。

△八月，計畫中的《中國春秋》雜誌開始邀稿，除自己稿件外，有楊小川、路復國、廖德智、王國治、一飛、方飛白、郝艷蓮等多人。

△十月，創刊號《中國春秋》雜誌發行，第四期後改《華夏春秋》，實務行政全由鄭聯臺、鄭聯貞、陳淑雲、陳金蘭負責，妹妹鳳嬌當領導，我負責邀稿，每期印一千五百本，大陸寄出五百本。

△持續在台灣大學聯合辦公室當志工。

△今年仍在龍騰出版公司主編《國防通識》；上復興電台「兩岸關係」節目。

民國九十五年（二〇〇六）五十五歲

△元月《中國春秋》雜誌第二期發行，作者群有周興春、廖德智、李景素、王國治、路復國、一飛、范揚松、蔣湘蘭、楊小川等。

△二月十七日，第十二次44同學會（台大鹿鳴堂），到有：劉昌明、高立興、陳鏡培、盧志德、林鐵基、金克強和我共7人。

△四月，《中國春秋》雜誌第四期發行。

△六月，第十三次44同學會（台大鹿鳴堂），到有：我、周小強、解定國、高立興、袁國台、林鐵基、劉昌明、盧志德。

△七月到九月，由時英出版社出版中國學四部曲，四本約百萬字：《中國歷代戰爭

新詮》、《中國近代黨派發展研究新詮》、《中國政治思想新詮》、《中國四大兵法家新詮》。

△七月十二到十六日，參加佛光山第十六期全國教師生命教育研習營。

△七月，原《中國春秋》改名《華夏春秋》，照常發行。

△九月，《春秋記實》現代詩集出版，時英出版社。

△十月，第五期《華夏春秋》發行。

△十月二十六日，第十四次44同學會（台大鹿鳴堂），到有：我、金克強、周立勇、解立國、林鐵基、袁國台、高立興。

△十一月，當選中華民國新詩學會第二屆理事，任期到九十九年十一月十一日。

△《華夏春秋》第六期發行後，無限期停刊。

△高中用《國防通識》（學生課本四冊、教師用書四冊）逐一完成，可惜龍騰出版公司後來的行銷欠佳。

民國九十六年（二〇〇七）五十六歲

△元月三十一日，第十五次44同學會（中和天香回味鍋），到有：我、解定國、盧志德、高立興、林鐵基、周小強、金克強、劉昌明。

△二月，《國家安全論壇》出版，時英出版社。

△二月一日，到國防部資電作戰指揮部演講，主題「兩岸關係與未來發展：兼論台灣最後安全戰略的探索」。

△二月，《性情世界：陳福成情詩集》出版，時英出版社。

△三月十日，在「秋水詩屋」，與涂靜怡、莫云、琹川、風信子四位當代大詩人研究，幫我取筆名「古晟」。以後我常用這個筆名，有一本詩集就叫《古晟的誕生》。

△五月，當選中國文藝協會第三十屆理事，任期到一百年五月四日。

△五月十三日，母親節，與妻晚上聽鳳飛飛的演唱會，可惜二〇一二年初病逝，我為她寫一首詩「相約二十二世紀，鳳姐」。

△六月六日，第十六次44同學會（台大鹿鳴堂），到有：我、解定國、高立興、盧志德、周小強、金克強、林鐵基。

△六月十九日，榮獲中華民國新詩學會「詩運獎」，在文協九樓頒獎，由文壇大老鍾鼎文先生頒獎給我。

△十月，小說《迷情・奇謀・輪迴：被詛咒的島嶼》（第一集）出版，文史哲出版社。

△十月十六日，第十七次44同學會（台大鹿鳴堂），到有：我、周立勇、解定國、張安麟、林鐵基、盧志德。

△十月三十一日到十一月四日，參加由文協理事長綠蒂領軍，應北京中國文聯邀訪，

一行人有綠蒂、林靜助、廖俊穆、蘇憲法、李健儀、簡源忠、郭明福、廖繼英、許敏雄和我共10人。

△十一月七日，同范揚松、吳明興三人到慈濟醫院看老詩人文曉村先生。

△十二月中旬，大陸「中國文藝藝術聯合會」一行到文協訪問，綠蒂全程陪同，十六日由我陪同參觀故宮，按其名冊有白淑湘、李仕良等14人。

△十二月十九日，到台中拜訪詩人秦嶽，午餐時他聊到「海鷗」飛不起來了。

△十二月二十二日上午，在國父紀念館參加由星雲大師主持的皈依大典，成為大師座下臨濟宗第四十九代弟子，法名本肇。一起皈依的有吳元俊、吳信義、關麗蘇四兄姊弟，這是一個好因緣。

△十二月二十七日，《青溪論壇》成立，林靜助任理事長，我副之，雪飛任社長。

△十二月，有三本書由文史哲出版社出版：《頓悟學習》、《公主與王子的夢幻》、《春秋正義》。

民國九十七年（二〇〇八）五十七歲

△元月五日（星期六），第一次在醉紅小酌參加「三月詩會」，到民國一〇三年底退出。

△元月二十四到二十八日，與妻參加再興學校舉辦的海南省旅遊。

△二月十三日，到新店拜訪天帝教，做《天帝教研究》的準備。

△二月十九日，第十八次44同學會（新店富順樓），到有：我、高立興、解定國、林鐵基、盧志德、金克強、周小強。

△三月二日，參加「全國文化教育界新春聯歡會」，馬英九先生來祝賀，前台大校長孫震、陳維昭等數百人，文壇司馬中原、綠蒂、鍾鼎文均到場，盛況空前。這是大選的前奏曲。

△三月十二日，參加中國文藝協會理監事聯席會議。

△三月，《新領導與管理實務》出版，時英出版社。

△五月十三日下午二時，四川汶川大地震，電話問成都的雁翼，他說還好。

△六月十日，第十九次44同學會（在山東餃子館），到有：我、童榮南、高立興、解定國、袁國台、盧志德、金克強、張安祺。

△六月二十二日，參加青溪論壇社舉辦的「推展華人文化交流及落實做法」，我提報論文「閩台民間信仰文化所體現的中國政治思想初探」，其他重要提文報告人有林靜助、封德屏、陳信元、潘皓、台客、林芙容、王幻、周志剛、一信、徐天榮、漁夫、落蒂、雪飛、彭正雄。

△七月十八日，與林靜助等一行，到台南參加作家交流，拜訪本土詩人林宗源。

△七月二十三日到二十九日，參加佛光山短期出家。

△八月十五日到二一日，參加青溪新文藝學會理事長林靜助主辦「江西三清山龍虎山之旅」，並到九江參加文學交流會。同行者有我、林靜助、林精一、蔡雪娥、彭正雄、金筑、台客、林宗源、邱琳生，鍾順文、賴世南、羅玉葉、羅清標、吳元俊、蔡麗華、林智誠、共16人。

△十月十五日，第二十次44同學會（台大鹿鳴堂），到有：我、陳鏡培、解定國、盧志德、同小強、童榮南、袁國台、林鐵基、黃富陽。

△十一月三十日，參加「湯山聯誼會」，遇老師長陳廷寵將軍。

△今年有兩本書由文史哲出版社出版：《幻夢花開一江山》（傳統詩）、《一個軍校生的台大閒情》。

△整理這輩子所寫的作品手稿約一人高，贈台大圖書館典藏。

民國九十八年（二〇〇九）五十八歲

△二月十日，第二一次44同學會（台大鹿鳴堂），到有：我、袁國台、解定國、高立興、童榮南、盧志德、黃富陽。

△六月，小說《迷情・奇謀・輪迴：進出三界大滅絕》（第二集）出版，文史哲出版社。

△六月上旬，第二二次44同學會（台大鹿鳴堂），到有：我、林鐵基、童榮南、袁國台、高立興、解定國、金克強、盧志德。

△六月十七、十八日，參加台大「退聯會」阿里山兩日遊。

△十月，小說《迷情‧奇謀‧輪迴：我的中陰身經歷記》（第三集）出版，文史哲出版社。

△十月六日，第二三次44同學會（公館越南餐），到有：盧志德、解定國、林鐵基、金克強、周小強和我。

△十一月六到十三日八天，參加重慶西南大學主辦「第三屆華文詩學名家國際論壇」，後四天到成都（第一次回故鄉）。此行我提報一篇論文「中國新詩的精神重建」（約兩萬多字），同行者另有雪飛、林芙蓉、李再儀、台客、鍾順文、林于弘、林精一、吳元俊、林靜助。

△十一月二十八日，到國軍英雄館參加「湯山聯誼會」，老將郝伯村批判李傑失了軍人氣節。

△十二月，《赤縣行腳‧神州心旅》（詩集）出版，秀威出版公司。

△今年有三本書由文史哲出版社出版：《愛倫坡恐怖推理小說》、《春秋詩選》、《神劍與屠刀》。

民國九十九年（二〇一〇）五十九歲

△元月二十三日，由藝文論壇社和紫丁香詩刊聯合舉辦，「陳福成小說《迷情・奇謀・輪迴》評論會」，在台北老田西餐廳舉行。提評論文有金劍、雪飛、許其正、狼跋、謝輝煌、胡其德、易水寒等七家，與會有文藝界數十人。會後好友詩人方飛白也提出一篇。

△三月一日，第二四次44同學會（台大鹿鳴堂），到有：我、周小強夫婦、解定國、袁國台、林鐵基、盧志德、曹茂林、金克強、黃富陽、童榮南共11人。

△三月三十一日，「藝文論壇」和「創世紀」詩人群聯誼，中午在國軍英雄館牡丹廳餐敘。創世紀有張默、辛牧、落蒂、丁文智、方明、管管、徐瑞、古月，八人與會；藝文論壇有林靜助、雪飛、林精一、彭正雄、鄭雅文、徐小翠和我共7人參加。

△四月二一到二二日，台大溪頭、集集兩日遊，「台大退聯會」主辦。

△六月，《八方風雨・性情世界》出版，秀威出版社。

△六月八日，第二五次44同學會（台大鹿鳴堂），到有：我、金克強、郭龍春、解定國、高立興、童榮南、袁國台、林鐵基、盧志德、周小強、曹茂林，共11人。

△八月十七到二十日，參加佛光山「全國教師佛學夏令營」，同行有吳信義師兄等

多人。

△十月五日，第二六次44同學會（今起升格在台大水源福利會館），到有：曹茂林、解定國、童榮南、林鐵基、盧志德、周小強和我共7人。

△十月二六日到十一月三日，約吳信義、吳元俊兩位師兄，到山西芮城拜訪尚未謀面的劉焦智先生，我們因看「鳳梅人」報結緣。

△十一月，《男人和女人的情話真話》（小品）出版，秀威出版社。

△今年有四本書由文史哲出版社出版：《洄游的鮭魚》、《古道・秋風・瘦筆》、《山西芮城劉焦智鳳梅人報研究》、《三月詩會研究》。

民國一〇〇年（二〇一一）六十歲

△元月，小說《迷情・奇謀・輪迴》合訂本出版，文史哲出版社。

△元月二日，當選中華民國新詩學會第十三屆理事、任期到一〇四年一月一日。

△元月十日，第二七次44同學會（台大水源福利會館），到有：我、黃富陽、高立興、林鐵基、周小強、解定國、童榮南、曹茂林、盧志德、郭龍春共10人。

△二月，《找尋理想國》出版，文史哲出版社。

△二月十九日，在天成飯店參加「中國全民民主統一會」會員代表大會，吳信義、吳元俊兩位師兄也到，會場由王化榛會長主持。會中遇到上官百成先生，會後我

寫一篇文章「遇見上官百成：想起上官志標和楊惠敏」，刊載《新文壇》雜誌（26期，一〇一年元月）。

△三月二二日，上午參加「台大退聯會」理監事聯席會議。

△三月二五日，晚上在台大校總區綜合體育館開「台大逸仙學會」，林奕華也來了，認識她很久了，每回碰到她都很高興。

△四月，《我所知道的孫大公》（黃埔28期）出版，文史哲出版社。

△四月，《在鳳梅人小橋上：中國山西芮城三人行》出版，文史哲出版社。

△五月五日，參加緣蒂在老爺酒店主的「中國文藝協會三十一屆理監事會」，同時當選理事，任期到一〇四年五月五日。與會者如以下這份「原始文件」：

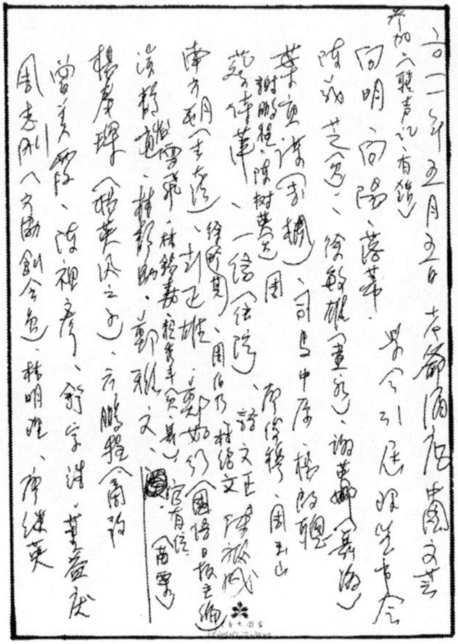
一〇一年五月五日　老爺酒店　中國文藝 [illegible]
參加人 [illegible]
向明、向陽、落蒂 [illegible]
[illegible] 司馬中原 [illegible]
[illegible]
林錫嘉 [illegible] 鄭雅文 [illegible]
曾美霞 [illegible]
[illegible] 林明理 [illegible]

△五月，《漸凍勇士陳宏傳》出版，文史哲出版社。

△六月，《大浩劫後》出版，文史哲出版社。

△六月三日，第二八次44同學會（台大水源福利會館），到有：我、郭龍春、解定國、高立興、童榮南、林鐵基、盧志德、周小強、黃富陽、曹茂林、桑鴻文共11人。

△六月十一日，到師大參加「黃錦鋐教授九秩嵩壽華誕聯誼茶會」，黃伯伯就住我家樓上，他已躺了十多年，師大仍為他祝壽，真很感人。

△七月，《台北公館地區開發史》出版，唐山出版社。

△七月七到八日，與妻參加台大退聯會的梅峰、清境兩日遊。

△七月，《第四波戰爭開山鼻視賓拉登》出版，文史哲出版社。

△八月，《台大逸仙學會》出版，文史哲出版社。

△八月十七到二十日，參加佛光山「全國教師佛學夏令營，主題「增上心」。

△九月九日到二十日，台客、吳信義夫婦、吳元俊、江奎章和我共六人，組成「山西芮城六人行」，前兩天先參訪鄭州大學。

△十月十二日，第二九次44同學會（台大水源福利會館），到有：我、黃國彥、解定國、高立興、童榮南、袁國台、林鐵基、周小強、金克強、黃富陽、郭龍春、桑鴻文、盧志德、曹茂林，共14人。

△十月十四日，邀集十位佛光人中午在台大水源會館雅聚，這十人是范鴻英、刑筱

容、陸金竹、吳元俊、吳信義、江奎章、郭雪美、陳雪霞、關麗蘇。
△十一月十日，台大社團晚會表演，在台大小巨蛋（新體育館），由我吉他彈奏，吳普炎、吳信義、吳元俊、周羅通和關麗蘇合唱三首歌，「淚的小花」、「茉莉花」、「河邊春夢」。

民國一〇一年（二〇一二）六十一歲

△元月四日，第三十次44同學會（台大水源福利會館），到有：我、桑鴻文、高立興、林鐵基、解定國、童榮南、袁國台、盧志德、金克強、曹茂林、郭龍春、陳方烈。
△元月十四日，大選・藍營以689 萬票對綠營609 萬票，贏得有些辛苦。基本上「九二共識」、「一中各表」已是台灣共識。
△《中國神譜》出版（文史哲出版社，二〇一二年元月）。
△二月，寫一張「保證書」給好朋友彭正雄先生，把我這輩子所有著作全送給他，由他以任何形式、文字，在任何地方出版發行。這是我對好朋友的回報方式。
△二月，開始規畫、整理出版《陳福成文存彙編》，預計全套八十本（總字數近千萬），由彭正雄所經營的文史哲出版社出版。
△二月十九日中午，葡萄園詩刊同仁在國軍英雄館餐聚，到會有林靜助、曾美玲、

杜紫楓、李再儀、台客、賴益成、金筑和我八人。大家商討今年七月十五日是葡萄園的五十大壽，準備好好慶祝。

△三月二十二日，倪麟生事業有成宴請同學《公館自來水博物館內》，到有：我、倪麟生、解定國、高立興、盧志德、曹茂林、郭龍春、童榮南、桑鴻文、李台新，共十人。

△《金秋六人行：鄭州山西之旅》出版（文史哲出版社，二〇一二年三月）。

△《從皈依到短期出家》（唐山出版社，二〇一二年四月）。

△《中國當代平民詩人王學忠》出版（文史哲出版社，二〇一二年四月）。

△《三月詩會二十年紀念別集》（文史哲出版社，二〇一二年六月）。

△五月十五日，第三一次44同學會（台大水源福利會館），到有：我、陳方烈、桑鴻文、解定國、高立興、童榮南、林鐵基、盧志德、周小強、金克強、曹茂林、李台新、倪麟生，共十三人。

△九月有三本書出版：《政治學方法論概說》、《西洋政治思想史概述》、《最自在的是彩霞》，文史哲出版社。

△十月二十二日，第三二次44同學會（台大水源福利會館），到有：我、解定國、高立興、童榮南、林鐵基、盧志德、李台新、桑鴻文、郭龍春、倪麟生、曹茂林、

周小強，共十二人。

△《台中開發史：兼龍井陳家移台略考》出版，文史哲出版，二〇一二年十一月。

△十二月到明年元月，大愛電視台記者紀儀羚、吳怡旻、導演王永慶和另三位攝影師，一行六人，來拍「陳福成講公館文史」專集節目，在大愛台連播兩次。

民國一〇二年（二〇一三）六十二歲

△元月十一日，參加「台大秘書室志工講習」，並為志工講「台大・公館文史古蹟」（上午一小時課堂講解，下午三小時現場導覽）。

△元月十五日，「台大退休人員聯誼會」理監事在校本部第二會議室開會，並選舉第九屆理事長，我意外當選理事長，二二日完成交接，任期兩年。

△元月十七日，第三三次44同學會（台大水源福利會館），到有：我、倪麟生、林鐵基、桑鴻文、解定國、高立興、盧志德、周小強、曹茂林、郭龍春、陳方烈、余嘉生、童榮南，共十三人。

△二月，《嚴謹與浪漫之間：詩俠范揚松》出版，文史哲出版社。

△三月，當選「中國全民民主統一會」執行委員，任期到一〇三年三月二十八日。（會長王化榛）。

△三月，《讀詩稗記：蟾蜍山萬盛草齋文存》出版，文史哲出版社。

△五月，《與君賞玩天地寬：陳福成作品評論和迴響》、《古晟的誕生：陳福成60詩選》、《迷航記：黃埔情暨陸官44期一些閒話》三書出版，由文史哲出版社出版發行。
△五月十三日，第三四次44同學會（台大水源福利會館），到有：我、李台新、解定國、高立興、林鐵基、童榮南、盧志德、金克強、曹茂林、虞義輝、郭龍春、桑鴻文、陳方烈、倪麟生、余嘉生、共十五人。
△七月，《孫大公的思想主張書函手稿》、《日本問題終極處理》、《一信詩學研究》三書出版，均文史哲出版社。
△七月四日，鄭雅文、林錫嘉、彭正雄、曾美霞、落蒂和我共六個作家詩人，在「豆豆龍」餐廳開第一次籌備會，計畫辦詩刊雜誌，今天粗略交換意見，決定第二次籌備會提出草案。
△八月十三到十六日，參加佛光山「教師佛學夏令營」，同行尚有吳信義、關麗蘇。
△八月三十一日，為詩人朋友導覽公館古蹟，參加者有范揚松、藍清水夫婦、陳在和、吳明興、胡其德、吳家業、許文靜、鍾春蘭、封枚齡、傅明其。
△九月七日，上午在文協舉行《一信詩學研究》新書發表會及討論，由綠蒂主持。
△九月十日，假校總區第二會議室，主持「台大退休人員聯誼會」第九屆第四次理

監事聯席會議，會中由會員組組長陳志恆演講，題目「戲緣——京劇與我」。

△九月二七日，參加「台大文康會各分會負責人座談會暨85週年校慶籌備會議」，地點在台大巨蛋，由文康會主委江簡富教授（電機系）主持，各分會負責人數十人到場。

△十月七日，第三五次44同學會（改在北京樓），到有：我、余嘉生、解定國、虞義輝、童榮南、盧志德、郭龍春、桑鴻文、李台新、陳方烈、袁國台，共十一人。

△十月十二日，在天成飯店（火車站旁），參加「中國全民民主統一會」第七屆第二次執監委聯席會。討論會務發展及明春北京參訪事宜。

△十月十九日，由台大三個社團組織（教授聯誼會會長游若篍教授、職工聯誼會秘書楊華洲、退聯會理事長我本人）聯合舉辦「未婚聯誼」，在台大巨蛋熱鬧一天，到場有第二代子女近四十人參加。

△十一月九日，重慶西南大學文學系教授向天淵博士來台交流講學，中國詩歌藝術學會理事長林靜助先生，在錦華飯店繳請「兩岸比較文學論壇」，我和向教授在兩年前有一面之緣。

△十一月十二日，假校總區第二會議室，主持「台大退聯會」第十屆第五次理事監事聯席會議。陳定中將軍蒞臨演講，題目「原子彈與曼哈頓計劃的秘密」，另討論十二月三日會員大會事宜。

△十一月十三日，小路（路復國同學）來台北開會，中午我和老袁（袁國台）與他相見，老袁請吃牛肉麵，我在「新光」高層請喝咖啡賞景。

△十一月二十四日，台大退聯會、教聯會和職工會合辦「兩性聯誼」活動，第三場在文山農場，場面熱鬧。

△十一月二十八日，晚上，台大校慶文康晚會在台大巨蛋舉行，退聯會臨時組合唱團由我吉他伴奏參加，也大受歡迎。

△十二月三日上午，台大退聯會在第一會議室舉行年度大會，近兩百教職員工參加，主秘林達德教授代表校長致詞，歷屆理事長（宣家驊將軍、方祖達教授、楊建澤教授、丁一倪教授）均參加，我自今年元月擔任理事長以來，各方反應似乎還算滿意。

△十二月十日，約黃昏時，岳父潘翔皋先生逝世，高壽九十四歲，福壽雙全，除老人退化病外，無任何重症，睡眠中無痛而去，真是福報。他們兒女決定簡約辦理，十七號舉行告別式。

△十二月十八日，中午，參加在「喜萊登」由鄭雅文小姐主持成立的「華文現代詩刊」，到會有主持鄭雅文、筆者及麥穗、莫渝、林錫嘉、范揚松帶秘書曾詩文、曾美霞、龔華、劉正偉、雪飛等。

△十二月二十二日，在「儷宴會館」（林森北路），參加44期北區同學會，改選理監事及會長，虞義輝當選會長，我當選監事。

△十二月三十日，這幾年，每年年終跨年，一群詩人、作家都在范揚松的大人物公司跨年，今年也是，這次有：范揚松、胡爾泰、方飛白、許文靜、傅明琪、劉坤靈、吳家業、梁錦鵬、吳明興、陳在和及筆者。

民國一〇三年（二〇一四）六十三歲

△元月五日，與妻隨台大登山會走樟山寺，到樟山寺後再單獨走到杏花林，中午在「龍門客棧」午餐，慶祝結婚第34年。

△元月九日，爆發「梁又平事件」（詳見《梁又平事件後：佛法對治風暴的沈思與學習》乙書）。

△元月十一日，在天成飯店參加「中國全民民主統一會」執監委員會，由會長王化榛主持，並確定三月北京行名單。

△元月十二日，與妻隨台大登山會走劍潭山，沿途風景優美。

△元月二十四日，參加台大志工講習會，會後參觀台大植博館。

△元月、二月，有三本書由文史哲出版，《把腳印典藏在雲端》、《台北的前世今生》、《奴婢妾匪到革命家之路：謝雪紅》。

△春節，那裡也沒去，每天照常在新店溪畔散步、寫作、讀書。

△二月九日，參加「台大登山會」新春開登，目的地是新莊牡丹心環山步道」，在泰山、林口接壤的牡丹山系，全天都下著不小的雨，考驗能耐。我和信義、俊歌兩位師兄，都走完全程，各領一百元紅包。

△二月十八日，中午與食科所游若簌教授共同主持兩個會，教授聯誼會邀請台北市教育局長林奕華演講，及「千歲宴」第二次籌備會。到會另有職工會秘書華洲兄、陳梅燕等十多人。

△二月廿一、廿二日，長青四家夫妻八人（虞、張、劉、我及內人們），在張哲豪的基隆「公館」度假，並討論四月花蓮行，決議四月十四、十五、十六共三天到花蓮玩。

△三月三日，中國文藝協會以掛號專函通知，榮獲第五十五屆中國文藝獎章文學創作獎，將於五月四日參加全國文藝節大會，接受頒獎表揚。

△三月八日，晚上在三軍軍官俱樂部文華廳，參加由中國文藝協會理事長王吉隆先生所主持的理監事聯席會，有理監事周玉山、蘭觀生、曾美霞、徐菊珍等十多人參加。

△三月十日，由台大教聯會主辦，退聯會和職工會協辦，邀請台北市教育局長林奕

華演講，主題關於十二年國教問題，中午十二時到下午一點三十圓滿完成（在台大第一會議室）。

△三月十六日，三月是台大的「杜鵑花節」，每年三月的假日，我們擔任台大秘書室的志工們，都輪值校門口「坐台」（服務台），招呼人山人海的參訪來賓。今天上午九時到下午一時我值班，下班立即前往第一殯儀館「鼎峰會館」，向陳宏大哥上香致敬，並以《漸凍勇士陳宏傳：他和劉學慧的傳奇故事》一書代香花素果，獻於陳大哥靈前。此因十八號他的追思會我在台大有兩個重要會議要開，向學慧師姊說了先來拈香，我也因寫了陳宏的回憶錄，和他有心靈感應，他也給我的人生有重大啟示，故向陳宏大哥獻書，願他一路好走，在西方極樂世界修行，別再重回六道，受人間諸苦。

△三月十八日，上午主持今年第一次「台大退休人員聯誼會」理監事會，並邀請吳信義學長會後演講，到有全體理監事各組長二十多人。下午參加校長楊泮池主持的「退休人員茶會」，按往例我參與茶會並在會中報告退聯會活動，陳志恆小姐隨同我參加，在現場「招兵買馬」，成效甚佳。

△三月二十日，上午到二殯參加海軍少將馬振崑將軍公祭（現役五十七歲），我以台大退聯會理事長身份主祭，信義和俊歌兩位師兄與祭。現場有高華柱、嚴明、葉昌桐等高級將領，至少有五十顆星星以上。

下午，到翔順旅行社（松江路）參加北京行會議，下週二共二十人參加這次訪問。

△三月二十一日，中餐，在「台大巨蛋」文康交誼廳，參加由台大文康委員會主委

江簡富教授（電機系）所主持，「一〇三年文康會預算會議」，到有台大教職員各社團負責人近三十人。

△三月廿五到三十日，應中國全民民主統一會會長王化棒先生及信義、俊歌兩位師兄之邀請，以特約記者的身份參加全統會北京、天津參訪團，全團二十人。我們拜會天津、北京的中國和平統一促進會、黃埔軍校同學會等。（詳見我所著《中國全民民主統一會北京天津行：兼略論全統會的過去現在和未來發展》，文史哲出版）

△四月十四、十五、十六，近半年來我積極推動的「長青家族花蓮行」，終於成真，內心感到安慰極了。回想五年多來，長青家族的聚會竟如同打烊，太氣人了。這件事能促成，比我在花蓮擁有一甲地更值得。這心聲在三天旅遊中我沒說出來，今只在此說給大家聽，義輝、阿妙、阿張、金燕、劉建、Linda 和我妻，「以心傳心」傳給你們聽！

△五月二日，由中國文藝協會主辦，行政院文建會贊助指導，第五十五屆文藝獎章得獎人，今天在部份平面媒體公告，下列是聯合報資料。後天就是「五四文藝節」，將在三軍軍官俱樂部盛大慶祝並頒獎。據聞，副總統吳敦義將親自主持。

联合報 .103.5.2.

〈聯副文訊〉二則

中國文藝獎章名單揭曉

由中國文藝協會主辦的中國文藝獎章，本年度榮譽文藝獎章得主為：廖玉蕙（文學類）、崔小萍（影視類）、陳陽春（美術類）、張炳煌（書法類）。

第五十五屆文藝獎章獲獎人為：王盛弘（散文）、鯨向海（新詩）、田運良（詩歌評論）、梁欣榮（文學翻譯）、陳福成（專欄）、洪能仕（書法）、吳德和（雕塑）、張璐瑜（水彩）、劉家正（美術工藝）、林再生（攝影）、戴心怡（國劇表演）、李蕙峻（客家戲表演）、梁月嬡（戲曲推廣）、孫麗桃（民俗曲藝）、魏大為（音樂工作）、孫翠玲（舞蹈教學）、曾美霞、鄭雅文、鄔迅（文藝工作獎）楊寶華（文創及文化交流）、劉詠平（海外文藝工作獎）。　（丹墀）

△五月四日，下午到晚上，參加全國文藝節及文藝獎章頒獎典禮，直到晚上的文藝晚會都在三軍軍官俱樂部。往年都是總統馬英九主持，今年他可能因母喪，改由副總統吳敦義主持。

△五月初的某晚，關雲的女兒打電話給我，媽媽走了！我很震驚，她是中國文藝協會會員、三月詩會詩友，六十五歲突然生病很快走了！怎不叫人感慨！

△五月二十日，籌備半年多的「台大退聯會千歲宴」，終於快到了，今天是退聯會上班日，大家做最後準備。中午到食科所午餐，三個分會（退聯會、教聯會、職工會），再開宴前會，確認全部參加名單和過程。

△五月廿二日，上午九點到下午兩點，千歲宴正式成功辦完，校長楊泮池教授也親臨致詞，和大家看表演、合照。今天到有八十歲以上長者近四十人，宣家驊將軍、方祖達教授等都到了。

△六月二日，今天端午節，中午在中華路典漾餐廳，由全統會會員（會長王化榛、秘書長吳信義、會員吳元俊，我等十多人），宴請天津來訪朋友，有些我們三月去天津已見過，他們到有：王平、劉正風、李偉宏、蔣金龍、錢鋼、商駿、吳曉琴、李衛新、賈群、陳朋，共十人。

△到六月止，近十個月來，完成出版的書有：《把腳印典藏在雲端：三月詩會詩人手稿詩》、《台北公館台大地區考古・導覽》、《我的革命檔案》、《中國全民民主統一會北京行》、《六十後詩雜記現代詩集》、《胡爾泰現代詩研究》、《從魯迅文學醫人魂救國魂說起》；另外，《臺大退聯會會務通訊》也正式出版，第

一版先給理監事會看，年底會員大會再印贈會員。

△六月十一日，《臺大會訊》報導「千歲宴」盛況如下：

《臺大校訊》・二〇一四年六月十一日・第四版・

退休人員 職工及教師聯誼分會舉辦千歲宴活動

為關懷退休人員較年長者平常較少於校園活動，文康會退休人員、職工及教師三個聯誼分會5月24日假綜合體育館文康室舉辦80歲以上「千歲宴」活動。出席名單包括：教務處課務組主任郭輔義先生、軍訓室總教官宣家驊、軍訓室教官鍾鼎文、軍訓室教官鄭義峰、總務處保管組股長林 參、總務處蕭添壽先生、總務處翁仙啓先生、圖書館組員柯環月女士、圖書館閱覽組股長王鴻龍、文學院人類系組員周崇德、理學院動物系教授李學勇、法學院王忠先生、法學院工王本源先生、醫學院組員洪林寶祝、醫學院組員連興潮、工學院電機系教授楊維禎、農學院生工系教授徐玉標、農學院園藝系教授方祖達、農學院技正路統信、農學院園藝系教授康有德、附設醫院護士曾廖日妹、農業陳列館主任劉天賜、圖書館組員紀張素瑩、附設醫院組員宋麗音、理學院海洋所技正鄭展堂、理學院化學系技士林添丁、附設醫院組員葉秀琴、附設醫院技佐王瓊瑛、附設醫院技士劉人宏、農學院農化系教授楊建澤、農學院農經系教授許文富、園藝系教授洪 立、農學院森林系教授汪 淮、軍訓室教官茹道泰、電機系技正郡依俤。

楊泮池校長與出席人員合影留念

△六月十三日，上午率活動組長關麗蘇、會員組長陳志恆、文康組長許秀錦，拜會位於新店的天帝教總會，他們有劉曉蘋、李雪允、郝寶驥、陳啟豐、陳己人等多位接待我們。議決九月十七日，台大退聯會組團（40人）參訪天帝教的天極行宮（在台中清水）。會後，中午在總會吃齋飯。

△六月十七日，主持台大退聯會理監事會，我主要報告《會務通訊》出版事宜，經

費籌劃等。

△六到七月，我的《華夏春秋》雜誌打烊後，曾有大陸朋友要在大陸復刊，江蘇的高保國搞一期又打烊了。最近遼寧的金土先生復刊成功，希望他能長長久久辦下去。以下是創刊號的封面和內首頁。

本刊社長陳福成2009年於西南大學留影。

葫蘆島市環保局局長、本刊顧問羅建彪題。

△到八月止：在文史哲出版社完成出版的著作，七、八月有：《留住末代書寫的身影》、《我這輩子幹了什麼好事》、《「外公」和「外婆」的詩》、《中國全民民主統一會北京天津行》。

△八月一到五日，參加「二〇一四佛光山佛學夏令營」，今年主題是「戒定慧」。同行的好友尚有：吳信義、吳元俊、關麗蘇、彭正雄。

△八月二十六日，主持「台大退休人員回娘家」聯歡餐會，在「台大巨蛋」文康室熱鬧一天，近百會員參加。

△九月二日，主持「台大退聯會」第九屆第七次理監事會，我在會中發表〈不連任、不提名聲明書〉，但全體理監事堅持要我接受提名連任，只好從善如流，接受承擔。

△九月十六日，下午參加由校長楊泮池教授主持的「退休人員茶會」，我的任務是報告「台大退聯會」概況並積極「招兵買馬」。

△九月十七日，率台大退休人員一行40人，到台中清水參訪「天帝教天極行宮」。

△九月到十月間，退聯會、聯合服務中心，工作和值班都照常，多的時間寫作、運動，日子好過，天下已不可為，就別想太多了。

△十一月四日，主持「台大退聯會」第九屆第八次理監事會，也是為下月二日年度

會員大會的籌備會，圓滿完成。

十二月二日，主持「台灣大學退休人員聯誼會」第九屆2014會員大會，所提名十五位理事、五位監事全數投票通過，成為下屆理監事。

△十二月十三日，下午參加《陸官44期同學理監事會》，會後趕回台大參加社團幹部座談、餐會。

△十二月十四日，三軍軍官俱樂部參加「中華民國新詩學會」理監事會。

△台大秘書室志工午餐（在鹿鳴堂），到有：叢曼如、孫茂鈴、郭麗英、朱堂生、吳元俊、吳信義、孫洪法、鄭美娟、簡碧惠、王淑孟、楊長基、宋德才、陳蓓蒂、許詠婕、郭正鴻、陳美玉、王來伴、蘇克特、許文俊、林玟妤來賓和筆者共21人。

△關於民一〇二、一〇三年重要工作行誼記錄，另詳見《台灣大學退休人員聯誼會第九任理事長記實》一書，文史哲出版。

民國一〇四年（二〇一五）六十四歲

△元月六日，主持「台大退休人員聯誼會」第十屆理監事，在校本部第二會議室開會投票，我連任第十屆理事長。

△關於民一〇四、一〇五年重要工作行誼記錄，詳見《台灣大學退休人員聯誼會第十任理事長記實暨2015 2016事件簿》（計畫出版）為準。